JN074041

大学における自殺予防対策

理解と実践的アプローチ

Suicide Prevention Measures in Universities:
Understanding and Practical Approaches

髙橋あすみ　著

TAKAHASHI Asumi

学苑社

はじめに

　現在、全国には合計 810 大学あり、その内訳は国立大学が 86 校、公立大学が 102 校、私立大学が 622 校です（令和 5 年度学校基本調査）。大学によって学生の性別、年齢、専攻、人種まで十人十色で、キャンパスの大きさや教職員数、使用できる施設なども多種多様です。学生数は合計 294 万 5,599 人で、一口に「大学で自殺予防対策を！」と叫ばれても、現場は各大学に適した自殺予防対策の体制づくりや実施に困惑していると思います。日本の自殺対策の潮流の中で、大学には今、そしてこれから、どのような動きが求められるのでしょうか。

　日本の学生の自殺予防を考える歴史は古く、青年学生に関する自殺に関する文献は遅くとも 1950 年代に存在し、大学における学生相談の歴史も 1950 〜 60 年代に始まっています。1980 年には大学精神衛生研究会（現：特定非営利活動法人全国大学メンタルヘルス学会）が立ち上がり、1986 年の松原達哉論文「学生の自殺予防」では、現代にも通ずる筑波大学における学生の自殺原因や対策が報告されていました。大学ではこんなにも前から学生の自殺対策に取り組んでいたのだと、感銘さえ受けました。

　2006 年に国を挙げて自殺対策に取り組むことを明文化した「自殺対策基本法」が制定され、翌年から「自殺総合対策大綱」に則り、本格的な自殺対策が始まりました。特に 1998 年から自殺が急増していた中高年男性のうつ病対策に焦点が当てられましたが、2011 年まで日本全体の年間自殺者数は増加し続け、学生も例外ではありませんでした。

　筆者が大学生になった 2010 年代は、当事者ながら若者の自殺対策に関心が集まり出した気運を感じましたが、大学における自殺対策が政策指針に含まれたのは、2017 年 7 月に閣議決定された第 3 次自殺総合対策大綱でした。同年 10 月には SNS で「死にたい」などと自殺に関する投稿をしていた 10 〜 20 代の男女 9 名が殺害される座間 9 人殺害事件が発生しました。世間から自殺に対するインターネットや SNS の功罪が問われましたが、関係各所の訴えによって自殺に傾く若者の現実に対する社会的な理解は広がり始め、インターネット

や SNS をも活用した若者向けの自殺対策に舵がきられました。

　2020 年には、猛威を振った新型コロナウイルス感染症の流行により、学生は期待していたキャンパスライフが送れなくなっただけでなく、通学や研究の継続困難、経済状況の悪化、制限された環境下での社会的孤立など多方面から幾重にも影響を受けました。結果として学生のメンタルヘルスの悪化や自殺の問題が非常に危惧されたところで「青年」「若者」とひとくくりにした問題としてではなく、まさに大学における自殺対策を進めようとする動きに拍車がかかったといえます。2022 年 10 月に閣議決定された現行の第 4 次自殺総合対策大綱には、「大学や専修学校等と連携した自殺対策教育の推進」や「学生・生徒への支援充実」といったように、学生も視野に入れた自殺対策が明確に含まれました。

　このように大学の自殺対策は歴史をもちながらも、日本の社会的な自殺対策とは少し異なる歩みを進めて発展してきました。しかし、2020 年代現在まで、大学内にある学生支援組織の自主的な努力に任されている状況を脱してはいません。大学の保健管理センターや学生相談機関、保健室や医務室などの専門教職員が学生の自殺の問題に危機感をもち、全学的な取り組みに向けて尽力・奮闘している一方で、大学全学的にはなかなか重い腰の上がらない現状があるといえます。2020 年度に初めて実施された自殺対策実施状況調査（文部科学省，2021）では、有効回答 820 大学のうち、2020 年 5 月時点で自殺対策を実施しておらず予定もない大学は 280 校（34.1 %）も存在しました。

　その理由の 1 つに、全国的な対策方針の欠如や包括的な情報不足が挙げられます。大学の自殺対策に関するまとまった情報は、大学で学生支援を司る 2 つの学術組織によるガイドライン——国立大学法人保健管理施設協議会メンタルヘルス委員会自殺問題検討ワーキンググループ（2010）による『大学生の自殺対策ガイドライン 2010』、そして日本学生相談学会（2014）による『学生の自殺防止のためのガイドライン』に限定されています。自殺学や 10 代の子どもをメインとした自殺予防の書籍は増えてきている一方で、学生世代に関しては専門書が見つけにくく、目の前の支援に懸命な現場の方が、自殺の専門書や文献を読み漁って大学の実践に活用するには、一にも二にも苦労が必要です。そのため大学人は学会や研修会で情報交流を図っていますが、1 つの大学の取り

組みを他の大学に生かすにも、先ほど述べたような大学の多様性があり、一筋縄ではいきません。また学生支援に専門的に従事する教職員は任期付き・非常勤であることも多く、現場の個人が知識や経験を蓄えて何らかの取り組みを始めても、全学にその理解を広げて根付かせるには、時間がかかります。

本書の目的

　そこで、大学が全学的な自殺予防対策を推進するための参考書となるように、自殺に関する基礎的な知識に加えて、大学における自殺予防に特化したエビデンスや、実践的アプローチのヒントをまとめることを試みたのが本書です。今まで「若者」「青少年」と曖昧に表記されていた知見や内容からできるだけ学生に焦点を当てている内容を取り出し、説明も大学生、短期大学生、大学院生などに細分化しました。研究知見は実践においてはすぐに役立てにくい、と思われる方もいらっしゃるかもしれませんが、大学の上層部や組織内で合意形成を進めるために、科学的根拠は説得力をもつ手札の１つとなります。大学において自殺予防対策を実施する必要性や緊急性、利益を理解してもらうことに苦労している読者の皆さんに活用していただければと思います。

本書の構成

　本書は第１部、第２部、第３部から成ります。第１部の「学生の自殺問題を理解する」では、学生の自殺の現状や背景を、国の統計や調査結果から考えます。また、自殺対策を考える視点となる主流な理論や対策のフレームワークを紹介します。第２部の「大学における自殺予防対策とエビデンス」では、大学で実際に実施されている中から12個の対策を取り上げ、その有効性や実践のヒントを紹介します。第３部は「これから学生の自殺を防ぐために」と称して、大学に従事する個々人が何に取り組み、どう自分の心を守るのかを解説しました。最後に大学における自殺予防対策の今後の展望を論じました。

　なお、自殺予防対策の内容はその環境・システムに大きく依拠するため、本書が想定している**学生**は、大学・短期大学・大学院に在籍している学生を指しています。ただ、高等専門学校に通う約５万６千人の学生や、予備校に通う約２万人の生徒にも適用できる内容もあると思います。しかし、大学とは異なる

環境に置かれる学生の自殺を防ぐためには、別に議論の場をもたなければならず、今後の研究の発展を期待したいと思います。

用語の定義

自殺にまつわる言葉の使い方は立場によって様々な意見があり、全員が「これでよし」とする表現がありません。そのため、他の自殺学の図書に倣い本書でも事前に用語の使い方について説明を加えておきます。

自分で死ぬことを表す主な単語に「自殺」と「自死」があります。NPO法人全国自死遺族総合支援センター（2013）は、2つの言葉の丁寧な使い分けが重要であると提言しています。本書では大学関係者や学生にかかわることのある支援者、行政職員などを主たる読者として想定し、亡くなるまでのプロセスにある社会問題として捉え、予防対策を論じることに主眼を置いているため、**自殺**という言葉を用いる頻度が多くなっています。一方、遺族への支援や個人に焦点を当てたいときには、**自死**という言葉と使い分けています。

同じ理由で、自殺を防ごうとする社会的な取り組みについては、**自殺予防**という言葉を用います。予防は医学モデルに基づいた表現、かつ自死がすべて防げるかのような印象をもち、遺族の心情を考慮しきれていない、という社会モデルからの批判があります（金子他, 2018）。予防の代わりに使用される言葉の1つに**防止**がありますが、「止」という文字から危機介入に限られた印象があります。本書では、これから起きるかもしれない自殺を防ごうとする取り組みを包括的に表現したいときは**自殺予防対策**という言葉を用い、国や自治体による政策を指す場合や大学の取り組みを表す際には**自殺対策**を使います。対策のニュアンスがなじまない場合には、**活動や取り組み、アプローチ**といった言葉を使います。

希死念慮は、死にたい、消えたい、生きたくないなど、死に傾く思いを表し、**自殺念慮**は希死念慮に加えて明確に自殺を思い浮かべて「自殺したい」と考えているものを表します。**自傷行為**は死ぬ意図がなく生きるために自分を傷つける行為、**自殺行動**や**自殺企図**は死ぬ意図をもって自分を傷つける行為を指します。自殺行動や自殺企図の結果に注目する場合には**自殺未遂、自殺既遂**という言葉を用います。

著者の立場と自己紹介

　私は教育・研究者として自殺予防対策に携わっており、学生支援に経験豊富な支援職ではありません。個人では心理職の資格をもち、保健医療領域や自殺の相談窓口に従事した経験もありますが、現在は私立大学の教員です。自殺に関する研究に取り組みながら自殺予防のための教育や啓発活動に主に取り組んでいます。活動の原点は、学生時代に取り組んだ啓発活動で（詳細は拙著（2020）をご覧ください）、自殺を考えたこともなければ対策にそれほど関心もないという方や、自殺を考える人といつか出会うかもしれない周囲の方に向けた活動に関心をもってきました。「なぜ自殺を防がなければならないんですか？ 自殺は悪いんですか？」と尋ねられることがしばしばありますが、現在のところ「自殺は悪いものなので無くさなければならない」と考えているというより、「自殺はいろいろな要因が積み重なって起きるものなので、それらの要因に焦点を当てて、できる限り防ぐことを試みたい」という心持ちで取り組んでいます。

　大学における自殺予防対策について取り組み始めたのは、2017年に博士課程に進学し、自殺予防の第一線で活躍されてきた精神科医の太刀川弘和教授（当時は准教授）に師事してからです。2018年には全国大学メンタルヘルス学会を母体とした「大学生の自殺予防プログラム全国開発研究」研究班の立ち上げに携わり、他大学の先生方とともに、これまで一度も行われてこなかった全大学の自殺対策の実態調査や、大学生向けの自殺予防教育の開発研究に取り組んできました。2021年に大学教員となってからは、文部科学省が報告している「自殺対策実施状況調査・死亡学生等実態調査」のワーキンググループの一員として調査の集計や分析に携わり、大学での自殺予防教育の出張授業や教職員向け研修の機会をいただいたりしてきました。僭越ながら自殺対策の進め方に関して大学関係者の相談に乗ることも増えてきたところ、本書執筆のお声がけをいただきました。

　今まさに自殺危機にある学生をどのように支援するか、という学生支援の文脈に限られていた大学の自殺予防を、支援者ではない立場から論じることで、大学における自殺予防対策が大きな枠組みで捉え直され、教職員や地域まで一

体となって社会的な議論と取り組みが進む一助となることを目指しています。

引用文献

金子善博・井門正美・馬場優子・本橋豊（2018）．児童生徒の SOS の出し方に関する教育：全国展開に向けての 3 つの実践モデル　自殺総合政策研究，1(1)，1-47.

国立大学法人保健管理施設協議会メンタルヘルス委員会自殺問題検討ワーキンググループ（2010）．大学生の自殺対策ガイドライン

厚生労働省（2023）．令和 5 年版自殺対策白書．https://www.mhlw.go.jp/stf/seisakunitsuite/bunya/hukushi_kaigo/seikatsuhogo/jisatsu/jisatsuhakusyo2023.html

文部科学省（2021）．令和 2 年度 大学における死亡学生実態調査・自殺対策実施状況調査報告書

文部科学省（2022）．令和 3 年度 大学における死亡学生実態調査報告書

文部科学省（2023a）．令和 4 年度 児童生徒の問題行動・不登校等生徒指導上の諸課題に関する調査結果について　https://www.mext.go.jp/content/20231004-mxt_jidou01-100002753_1.pdf

文部科学省（2023b）．令和 4 年度 大学における死亡学生実態調査報告書

日本学生相談学会（2014）．学生の自殺防止のためのガイドライン　https://www.gakuseisodan.com/?p=1409

日本財団（2019）．日本財団いのち支える自殺対策プロジェクト『日本財団第 3 回自殺意識調査』報告書　https://www.nippon-foundation.or.jp/app/uploads/2019/03/wha_pro_sui_mea_11-1.pdf

NPO 法人全国自死遺族総合支援センター（2013）．「自死・自殺の表現に関するガイドライン」〜言い換えではなく使い分けを〜　https://izoku-center.or.jp/media/

髙橋あすみ（2020）．若者による、若者のための自殺予防対策　自殺予防と危機介入，40(1)，54-58.

目次

column

topic

本書に登場する調査報告書やデータについて

★死亡学生実態調査および自殺対策実施状況調査（文部科学省）

　https://www.mext.go.jp/a_menu/koutou/gakuseishien/1290845_00002.htm

　「令和２年度 大学における死亡学生実態調査・自殺対策実施状況調査」（2021）、「令和３年度 大学における死亡学生実態調査」（2022）、「令和４年度 大学における死亡学生実態調査」（2023）は、下記の３つに所属するメンバーの協働で実施・執筆しました。

　①公益社団法人全国大学保健管理協会 2020_2021 学生調査実施ワーキンググループ

　②一般社団法人国立大学保健管理施設協議会メンタルヘルス委員会学部学生・大学院生休退学調査研究班

　③特定非営利活動法人全国大学メンタルヘルス学会「大学生の自殺予防プログラム全国開発研究」研究班（以下、大学生の自殺予防研究班）

　筆者は①③に属し、特に令和２年度の自殺対策実施状況調査の集計や分析を行い、結果の一部は論文としても発表しました（Takahashi et al., 2022）。

　本書でも上記の報告書を引用する部分と、未発表のローデーターに基づいて記載している部分とがあります。後者の場合は「自殺対策実施状況調査データからは……」と分かるように記載します。

★大学の自殺予防対策に関する現況調査（大学生の自殺予防研究班）

　上記の調査を実施する前に、2020 年に③の研究の一環として「大学の自殺予防対策に関する現況調査」を行っています。報告書は全国大学メンタルヘルス学会のホームページ上で閲覧できます。

第 1 部

学生の自殺問題を
理解する

第1章

学生の自殺の現状

　この章では、学生の自殺の現状を理解するために、近年の自殺の推移や基礎知識を紹介します。1つの大学では学生の自死が起きることは確率的にまれですが、全国的に見たときに学生を取り巻く状況は深刻であり、毎年小規模な私立大学が消滅するペースで多くの学生が亡くなっています。まず近年の推移やこれまでの研究知見を通して、学生の自殺の実態や大学を取り巻く状況を検討します。

1　学生の自殺の概況

(1) 年間自殺者数の動向

　学生の自殺の動向を把握できる国の資料には、①自殺統計（警察庁および厚生労働省）、②人口動態統計（厚生労働省）、そしてそれらを根拠に毎年刊行されている③自殺対策白書（厚生労働省）などがあります。さらに 2020 年度より、全国の国公私立大学を対象とした④死亡学生実態調査（文部科学省）が行われています。この調査はもともと一般社団法人国立大学保健管理施設協議会によって国立大学のみに長く実施されていましたが、コロナ禍を機に様々な組織が連携して、調査対象が公私立大学にまで拡大しました。

　まず自殺統計に基づいて、2007 年から 2022 年までの 15 年間の大学生・大学院生（院生）の年間自殺者数の推移を **図 1-1** に示しました。2007 年は大学進学率が初めて 50% を超えた年で、自殺総合対策大綱が施行された年でもあります。

　この 15 年間、少なくとも計 7,076 名もの学生が自殺で亡くなりました。自殺者数が最大だったのは 2008 年の 536 人であり、東日本大震災のあった 2011

年までの 4 年間はほぼ横ばいで、毎年 500 人以上を推移してきました。2012 〜 2018 年の間に毎年の自殺者数は減少し、2018 年では 336 人となっています。自殺者数が減少傾向にあったこの時期は、日本全体の自殺者数も約 3 万人から 2 万人に減少した期間です。それまで中高年を中心としていた自殺対策の波が若者にまで広がり始め、2017 年に起きた座間 9 人殺害事件を契機に、若者を対象とした自殺対策の必要性を訴える世論は一層強くなりました。

　2019 年以降には再び自殺者が微増していることも分かります。その後、2020 年代においては 414 人、434 人、438 人と増加の一途をたどっています。コロナ禍であること以外にも、大きな自殺報道の影響など様々な要因が議論されています。

　性別の自殺者数は一般的な傾向と同じく、在籍学生数の比に比べて、どの年を見ても男子学生の方が多いです。ただし近年は性差が縮小しており、直近の 2022 年は男子学生：女子学生の比が 2.3：1 でした。男子学生と女子学生の自殺者数の相関は中程度（この 15 年間のピアソンの相関係数 r = 0.41）で、動向は必ずしも一致していません。男子学生の自殺が最も多かったのは 2009 年の 407 人で、2019 年からは 300 人弱で推移しています。女子学生は 2011 年に 144 人と最大になり、2014 〜 2018 年の 5 年間は 100 人を下回っていましたが、その後は微増傾向にあります。

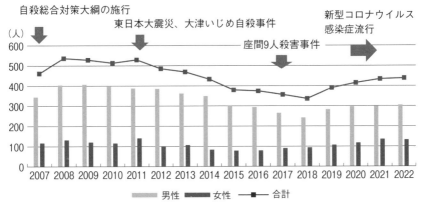

図 1-1　学生の年間自殺者数の推移と主要な出来事

警察庁『自殺統計』をもとに作成。2022 年は「大学生」の小分類が細分化しているため合計。

(2) 学生の死因

　自殺は学生の最多の死因です。死亡学生実態調査は、各大学の保健管理施設
や学務の担当者が回答したアンケートに基づいており、その回答大学数から日
本の学生数の 8 〜 9 割をカバーしているデータです（**表 1-1**）。2020 年度調査
に参加した国立 86 校（回答率 100%）、公私立 734 校（71.4%）で亡くなった学
生のうち、死因が自殺またはその疑いがあると判断された学生は 331 人、公私
立大の回答数が 846 校に増えた翌年 2021 年度も 331 人でした。2022 年度は公
私立大学の回答数がやや減少しましたが、自殺またはその疑いのある学生は
271 人で、死亡学生数は全体的に減少していました。最新の自殺死亡率（10 万
人対）は 10.7 で、男性 13.0、女性 8.0 となっています。

　自殺統計より少なく見積もられているのは、調査に参加していない公私立大
学の自殺者数を把握できていないだけでなく、大学側が学生の死因を正確に把
握することに課題を抱えている現状を表しています。自殺場所が学校内である
場合はごくわずかであり（厚生労働省, 2023）、大学は、遺族等から電話で連絡
を受けて初めて学生の死亡を把握することが多いはずです。遺族からの連絡の
際には、死亡の事実を越えて大学側から死因を尋ねたり確かめたりすることは
双方の心情的に困難が予想されます。学生が死亡した際に実態把握を実施する
体制が組まれていたとしても、自死と事故死・病死との判別が難しい場合もあ
る（山﨑他, 2021）ため、仮に周辺的な情報が得られても自死と断定する難し
さは残ります。学生の置かれていた学業の状況や相談履歴などからの情報を総
括して「自殺の疑い」とするか「不詳」とするかは、回答者や大学の体制に

表 1-1　3ヵ年の死亡学生実態調査概要

	2020 年度	2021 年度	2022 年度
国立大学　　回答数（回収率）	86（100%）	86（100%）	86（100%）
公私立大学　回答数（回収率）	734（71.4%）	846（81.0%）	823（79.5%）
自殺またはその疑いのある学生数	331	331	271
男性（死亡学生のうちの割合）	231（52%）	240（52%）	178（49%）
女性（死亡学生のうちの割合）	100（59%）	91（59%）	93（52%）

よって異なるのが現状と考えられます。

　学生の死因把握のために参照できるもう 1 つの報告が、日本コープ共済生活協同組合連合会（コープ共済連）（2021）の学生総合共済（生命共済）による死亡原因の報告です。学生死亡原因のうち自殺は 2019 年以前までは 40% 台（2019 年は 58 件）で推移していたのが、2020 年度は 60%（81 件）、2021 年度は 66.9%（97 件）となり、件数も割合も増加しています。学生総合共済では、学生が死亡した際に死因の如何を問わず共済金請求を受け付け、支払いのために亡くなった原因を聞き取り等により把握しています。ただし、共済連によれば請求を辞退されるケースもあるなど、学生の状況について確実な把握が難しい点は大学と同様のようです。

(3) 自死で亡くなった学生の傾向

　亡くなった学生の傾向として、性別は男性、年齢は 20 ～ 22 歳、在籍は 4 年学士課程、学年は 4 年生など上位学年、専攻は社会、工学、人文、保健系にそれぞれ多かったことが報告されています（文部科学省，2021; 2022; 内田，2010; コープ共済連，2021）。ただしこれらは人数を表すものであるため、ここに上らない属性をもつ学生の自殺リスクが低いとは解釈できません。実際、自殺死亡率が相対的に高いのは修士課程の学生であるため、大学院は学士課程より学生数が少なくても留意が必要です。

(4) 自殺の発生している大学

　公私立大学に比べて国立大学で自殺の発生率が高い傾向があります。2020年度に学士課程、あるいは短期大学部（短大）で学生の自殺があったと報告した大学は 174 校（回答数の 21.2%）であり、国立大学で 46 校（設置数の 53%）、公私立大学で 128 校（回答数の 17%）でした。2019 年に実施された 195 大学対象の「大学の自殺予防対策に関する現況調査」でも、3 年間自殺者が発生していないと回答した大学は、国立大学の回答数のうち 14%、公立大学で 41%、私立大学で 30% と差がありました。国立大学のほうが自殺の発生率が高く、1 つの大学で複数の自殺事例が発生していることがうかがえます。

　このような違いがある理由は明らかになっていません。可能性として、国立

大学は平均して学生数が多く、特に男子学生や院生が相対的に多いため、確率的に自殺が起きやすいことが考えられます。このような現状から自殺対策を全学的に実施している国立大学が大半です。在籍している学生層と置かれている環境の違い、その相互作用など複合的な要因が考えられるため、大学環境も視野に入れた調査の必要があります。

2　自殺の原因・動機

　これまでの傾向から学生の自殺の原因・動機は、①学業、②進路・就職、③うつ病などの精神疾患の影響、④人間関係の悩みに大別されます。

　詳しく見てみましょう。令和 4 年版自殺対策白書でまとめられている 2009 ～ 2021 年の大学生の「自殺の原因・動機」（第 2-3-8 表）を参考にして、52 の小分類のうち「その他」を除く男女それぞれ上位 10 位を占める原因・動機の割合を 2007 ～ 2022 年に延伸してまとめたのが図 1-2 です。家庭問題では「親子関係の不和」、健康問題では「うつ病」「統合失調症」「その他の精神疾患[1]」、経済・生活問題では「就職失敗」、恋愛問題では「失恋」「その他交際をめぐる悩み[2]」、学校問題では「その他進路に関する悩み[3]」「学業不振」「その他学友との悩み[4]」、その他では「孤独感」が上位 10 位に含まれています。男性は女性より就職、進路、学業に関する割合が高く、女性は精神疾患や人間関係の悩みが高くなっています。

　3 ヵ年の死亡学生実態調査でもその背景が推定されている 255 名に関しては、学業不振、進路に関する悩み、孤立感・孤独、病気の悩みが多く、自殺統計と似た傾向を示しています（図 1-3）。これらの報告から、学生の自殺の要因には、精神疾患や病気の悩みなど、心の専門家や医療者でなければ対応が難しいと思われるような理由だけではなく、学業や進路のように普段から大学で

1　うつ病、統合失調症、アルコール依存症、薬物乱用以外。
2　結婚をめぐる悩み、失恋、不倫の悩み以外。2022 年から上記 3 つ以外に「交際相手からの暴力（DV 被害）」「ストーカー行為等」が分化したが、「その他交際をめぐる悩み」に含まれるか不明のため、2022 年はこの小分類は除外した。
3　入試以外。
4　いじめ以外。

教育指導している内容を多分に含むことが分かります。

　ところが、3 年間の自殺者またはその疑いのある 933 名中 678 名（72.7%）の自殺の背景は「不明」とされており、ここにも自殺の実態把握の困難さが表れ

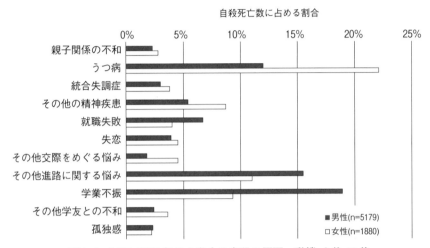

自殺死亡数に占める割合

図 1-2　2007-2022 年の大学生の自殺の原因・動機 上位 10 位
警察庁『自殺統計』をもとに作成。

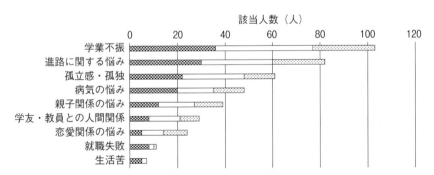

該当人数（人）

図 1-3　2020-2022 年の推定された学生の自殺の背景（N=255）
大学における死亡学生実態調査（文部科学省）をもとに作成。各年度「不明」を除く。

ています。学業や進路といった原因・動機は大学が把握・推定しやすい要因であり、把握の難しい他の要因は大学では見過ごされている可能性があります。また、自殺の背景には複数の原因・動機、要因が存在するため、顕著な要因に隠れてその他の要因が推定できていない場合もあります。

　例えば、2018 年に 1 年以内の自殺企図について調べた調査（日本財団, 2019）では、18 ～ 22 歳の対象者のうち、1 年以内の学業不振経験者の 9 ％、学校での人間関係の不和の経験者の 8 ％に自殺企図経験があり、学業不振と人間関係の不和は同等の割合でした。このような実態調査とのずれは、大学関係者から学生個人の人間関係に見えない部分が多いことを示唆しています。辛い人間関係の問題が先にあり、精神的に追い込まれて学業にも支障をきたすようになり自死に至った場合、大学は学業不振しか把握できず、それを唯一の背景として捉えざるを得ないこともありえます。

　自殺者の原因・動機や背景を特定する困難さは、児童生徒の自殺が起きた学校でも同様です。文部科学省は毎年の「児童生徒の問題行動・不登校等生徒指導上の諸課題に関する調査結果」において、学校から集めた児童生徒の自殺の報告の中で「自殺した児童生徒が置かれていた状況について，自殺の理由に関係なく，学校が事実として把握しているもの以外でも，警察等の関係機関や保護者，他の児童生徒等の情報があれば，該当する項目を全て選択するものとして調査」し、家族関係や進路、教職員との関係、友人関係などを推計しています。しかし、置かれている状況が「不明」だった児童生徒が令和 3 年度は全体で 57.9%、令和 4 年度は 62.0% となっており、大学の「不明」の割合よりやや少ない程度です。小中学校や高校では 2013 年 9 月施行「いじめ防止対策推進法」によって、いじめにより児童生徒の自殺が生じた疑いがある場合は、重大事態として事実関係の調査などの措置が義務付けられ、翌年には文部科学省の「子供の自殺が起きたときの背景調査の指針」も改訂されています。しかし、情報収集と整理を行う基本調査の後、専門家を交えて行われる詳細調査の実施率は 2023 年度は 4.6% であったことが報じられ（朝日新聞 2023 年 10 月 4 日）、子どもが亡くなった後に学校が踏み込んで調べる仕組みは整っていないと言わざるを得ません。

　「不明」にこだわるのは、学生が亡くなった背景を明らかにすることは今後

の自殺予防対策において重要であるからです。末木（2023）は自殺統計から、全国の自殺の原因・動機が「不詳」とされた割合、すなわち遺書、自殺サイト・メール等の書き込み、その他の生前の言動（これを裏付ける資料がある場合）のいずれも存在しない自殺が 2007 〜 2018 年まで概ね全体の 1/4 であることを確認しています。警察庁はこれまで自殺者 1 人につき 3 つまで原因・動機を計上していたのを、2022 年度から家族等の証言から考えうる場合も加えて 4 つまで計上可能に変更しました。このように国としては複合的な自殺の原因・動機を明確にしていく動きが強まっています。

　大学の教職員ができることは、学生をよく見て、日頃から学生と話す機会をもち、生きている学生を知っていくことに他なりません。しかし、大規模な大学ではそのつながりが薄くなったり一部が欠けてしまったりしやすいかもしれません。まだ自殺対策に取り組んでいない大学においても、学生の自殺が生じた疑いがある場合は大学における重大事態と考えて、事実関係を調査できるような制度や全学的な方針が今後必須となることは間違いありません。

3　学生の自殺の危険因子

　将来の自殺を予測すると考えられている要因を、自殺の危険因子といいます。本人の言動や遺書などの証拠から推計される原因・動機と異なり、研究や臨床現場での実践の結果から、自殺念慮や自殺行動と相関関係がある要因、中でもランダム化比較試験や縦断研究によって因果関係が示唆されているものが強力な自殺の危険因子とされています（Franklin et al., 2017）。自殺の危険因子を多く満たす対象者は、自殺リスクが高いと捉える必要があり（高橋, 2006）、大勢の学生の中から支援の必要な学生をスクリーニングするときや、個人の自殺リスクをアセスメントするときに注意を払ったり、自殺予防の介入を考えたりするときに重要です。

　危険因子は学生個人が有しているものというイメージがありますが、自殺は公衆衛生の問題でもあるため、宿主要因として学生個人の危険因子と、環境要因として学生生活や大学環境に着目する危険因子に分けて説明します。

(1) 学生個人の危険因子

在学前と在学中に分けて自殺の危険因子を図1-4で示しました。

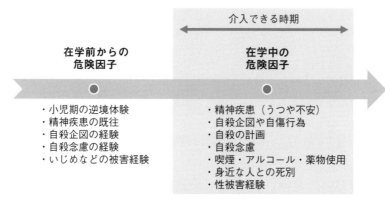

図 1-4　学生の自殺の危険因子

▌在学前

　まず在学前の危険因子では、児童期の虐待や家庭内暴力などの**小児期逆境体験**（Adverse Childhood Experience: ACE）、**いじめ被害経験、精神疾患の既往歴、自殺念慮や自殺企図、死別経験**があります。経験した時期から時間が経っても、長期的に影響を受けることが示されているため、大学在学前の経験であっても、在学中の危険因子として捉えられます。

① ACE

　小児期に経験される逆境的な体験を指し、虐待や家庭内暴力、親の喪失などがあります。カナダの研究では性的虐待、身体的虐待、親の家庭内暴力の被害経験は自殺企図のリスクを高め（Thomson et al., 2016）、アメリカの研究でも、精神障害や薬物使用障害の影響を取り除いても、ACEと生涯の自殺企図との関連が示されています（Choi et al., 2017）。さらに、過去のトラウマ体験は学生の自殺企図と関連します（Lira et al., 2022）。

②いじめ被害経験

　フィンランドにおいて、児童期から青年期までのネットいじめも含むいじめ

被害経験は長期的に自殺未遂・既遂のリスクと関連しており、女性の場合はいじめ被害そのものが、男性の場合は精神的問題を介して自殺リスクと関連することが示唆されています（Klomek et al., 2010）。中国の大学生についても、小学校や中学校時代のいじめ被害が自殺念慮に関連していました（Wang et al., 2020）。

③精神疾患の既往

　8 ヵ国（オーストラリア、ベルギー、ドイツ、メキシコ、北アイルランド、南アフリカ、スペイン、アメリカ）19 大学の新入生 13,984 人を対象とした WHO による調査に基づいた分析では、35.3% がこれまでに精神障害の基準を満たしたことがあり、32.7% がこれまでに自殺念慮を含む自殺行動の経験があり、5 人に 1 人は両方を経験していました（Bruffaerts et al., 2019）。また一度寛解した精神障害も、現在の精神障害を介して自殺企図のリスクに影響する可能性があります（Hoertel et al., 2015）。

④自殺企図歴

　自殺既遂を予測するとされている強力な危険因子です（Bostwick et al., 2016）。入学前までに一度でも自殺企図を経験している場合は、ACE や精神疾患の既往があるなど、他の危険因子の存在も示唆されます。2022 年に 18 ～ 29 歳の若者 14,819 人から回答を得た「日本財団第 5 回自殺意識調査」（2023）では、小学校入学前から調査時点までの間に自殺を図ったり、遺書など自殺の準備をしたりした経験がある対象者が 2,786 人（18.8%）と約 5 人に 1 人もいました。また、企図の経験のない若者に比べてうつ（経験者 19.3% vs 未経験者 2.8%）や不安症（12.5% vs 2.3%）を持病としている割合が特に高くなっています。

⑤死別経験

　10 歳以降に親戚や友人などの原因不明の突然死か、自死を経験した 18 ～ 40 歳の学生の自殺リスクを比較したイギリスの研究では、自死による死別のほうが、その後の自殺企図の確率が高かったことが示されています（Pitman et al., 2016）。自死による死別経験のレビューにおいても、自死したのが親である場合や小児期の喪失体験が、その後の自殺死亡リスクの高さと関連するという知見は頑健であり、他にも兄弟姉妹や友人の自死とその後の自殺企図との関係も示唆されています（del Carpio et al., 2021）。なお、親の性別については、母親

の喪失の影響を指摘する知見と、同性の親の喪失を指摘する知見とがあり、一貫していません。

■ 在学中

　大学在学中の危険因子は、在学中に自殺念慮や計画、企図の経験がある学生とそうではない学生の差異を検討した結果によって分析されてきました。これは多くの研究者が強調するところですが、精神科医の張（2016）は多くの危険因子をもつ人であっても、希死念慮がなければ差し迫った危険性はないと述べています。裏を返せば、学生の自殺リスクを考えるときには希死念慮・自殺念慮の重要性を矮小化しないことが大切です（Jobes & Joiner, 2019）。

　それも踏まえて、学生が在学中に留意したい危険因子としては、**精神疾患、特にうつ状態**や**不安障害、ソーシャルサポートの不足、感情調節の困難、喫煙やアルコール・薬物使用**などが挙げられます（Arria et al., 2009; Wilcox et al., 2010; Steinmetz et al., 2022）。さらに近年、大学で特に重要視したい要因と自殺の関連を見ていきます。

⑥喫煙・アルコール・大麻

　日本では多くの学生が大学在学中に喫煙、アルコール摂取が可能な 20 歳を迎えます。最近の研究レビューでは、喫煙者は非喫煙者と比較して自殺念慮・計画・企図・死亡のリスクが高いこと（Poorolajal & Darvishi, 2016）、アルコール消費は個人レベルでも集団レベルでも自殺行動と関連すること（Norström & Rossow, 2016）が示されています。また、最近も大学生の大麻使用と大学の対応問題は大きく取沙汰されています。大麻乱用者は 20 代に最も多く存在しますが、11 〜 21 歳の大麻吸引は未経験者より自殺念慮・企図・計画のリスクが高いことが明らかとなっています（警察庁，2023; Fresán et al., 2022）。大麻は違法ですが、タバコ、お酒と同じように多くは好奇心や交友関係の中で誘われて使用を始めます。入学してから早い段階の啓発活動により、慢性的な使用を防ぐことが自殺予防においても重要と考えられます。

⑦突然の死別経験

　学生の周囲の人が突然亡くなり、死別が学生のメンタルヘルスに影響する可能性もあります。うつや自殺念慮に差はないとする知見もあります（Bhaskaran et al., 2023）が、突然の死別経験は孤独感を介して自殺念慮や自殺企図の可能性を高め（Pitman et al., 2020a）、アルコールの使用を増やす（Pitman et al., 2020b）という知見もあります。若年世代は他の世代に比べて、他者の自死に曝露されたときの影響が大きい可能性が指摘されています（del Carpio et al., 2021）。

⑧性被害経験

河野他（2018）は大学生643人（回収率19.6%）のうちレイプ未遂の経験が7.8%、既遂が2.6%、何らかの性暴力被害経験が42.5%にあり、経験のある学生の精神的健康度は被害経験のない学生より有意に悪いことを示しました。日本財団（2023）の調査でも18～29歳の若者14,555人のうち何らかの性被害経験のある若者は2,148人（14.8%）で、被害経験がある人のほうが抑うつ感・不安感が高く、希死念慮経験率も高い（被害経験のある人のうち76.4% vs ない人のうち39.3%）と報告しています。同調査で性被害の加害者として最も多い相手は「通っていた学校・大学の先輩、同級生、仲間」（26.9%）であり、大学内の性暴力をどのように撲滅するかも考える必要があります。

⑨パーソナリティ

完璧主義は従来、自殺の危険因子とされています（高橋，2006; Cleare et al., 2022）。また渡辺（2021）は、大学新入生のパーソナリティや抑うつ状態をアンケートで調べ、損害回避傾向の強さ、および抑うつ状態（PHQ-9）の得点の高さが、自殺の危険を高める社交不安症と大うつ病エピソードの併存を予測する因子であると結論づけています。損害回避とはクロニンジャーのパーソナリティ理論における気質の1つで、損害を回避するために行動を抑制する方向に働く機能です。損害回避傾向の強さは、俗にいう心配性や用心深さです。

(2) 学生生活や大学環境の危険因子

学生生活や大学環境の中でもたらされる状況・状態としての危険因子を**表1-2**にまとめました。地域も含めた大学環境をアセスメントした上で、これらの危険因子に学生が遭遇しないような防止策や、遭遇した際の迅速な対応を計画しておくことは肝要です。教職員・院生などに対するハラスメント防止対策はもちろんのこと、大学の土地柄にあった交通安全キャンペーンの実施、大学

生活不適応を防止するための新入生からの学生支援など、危険因子に即した取り組みも考えやすくなります。例えば都心から離れて閉鎖的な立地にあり、学生が地元から離れて一人暮らしして進学するような地方の大学では、学生の孤立を防ぐために学内での仲間づくりのイベントを積極的に行うなど、工夫が必要です。

表 1-2　学生生活・大学環境における自殺の危険因子

大学生活不適応	不本意入学、孤立、不登校、ひきこもり、消極的理由による休学
学業不振	頻繁な欠席、単位取得不良、成績不良、留年
就職困難	進路決定保留、就職未定、就職活動上の失敗
長時間作業・過度な負担	授業課題、研究活動、論文執筆、課外活動
教職員との関係	アカデミック・ハラスメント、セクシャル・ハラスメント
不測事態	詐欺被害、性暴力被害、交通事故、感染症の流行
構内環境	閉鎖的な立地、自殺手段へのアクセス性（高所、薬品など）

国立大学保健管理施設協議会メンタルヘルス委員会・自殺問題検討ワーキンググループ（2010）のガイドライン、および大泉（2006）による危機の分類を参照して作成。

（3）危険因子としての時期

　学生の自殺は 9 月、そして年度末の 2 ～ 3 月に多い傾向があります。児童生徒も同じように 9 月初めの自殺が多く、「夏休み明けの登校を苦にして」いる子どもたちに向けたメッセージが様々に発信されています。しかし Matsubayashi et al.（2016）は中学生と高校生の自殺が夏休み後に増加していたことと併せて、18 ～ 26 歳ではその傾向がなかったことを示しています。大学は多くの場合 9 月中旬～下旬まで夏季休業期間に該当しますし、院生に関しては長期休業期間があまり関係ない学生生活を送っているため、児童生徒と同様の理由では説明しきれないと考えられます。また、9 月や 3 月は全国的に自殺が多い時期で、学生特有の理由があるのかどうかも判然としません。

　学業や進路の悩みという学生の自殺の原因・動機を考えると、試験期間、成績開示の時期、就職活動の状況、実習期間、研究の進捗などが関係している時

期は、学生生活の危険因子が重なりやすいと考えられます。しかし、これらの時期も学科や大学によって大きく異なるため、まとまった傾向としては見えにくいのが現状です。ところが 309 人の大学生を対象とした海外の研究では、自分がどこかのコミュニティに所属しているという感覚の低下する夏休み期間（5～7 月）は、大学生の自殺念慮が春（3～4 月）や秋（9～10 月）に比べて高かったことを示しています（Van Orden et al., 2008）。これを鑑みると学生はむしろ、9 月や 2～3 月の長期休業期間中に孤独感が高まり、自殺リスクが高まりやすい可能性があります。とはいえ、自殺の多い時期にのみキャンペーンを行う「点」の取り組みではなく、大学の環境に合わせて対策を強化する時期を検討しながら、大学での自殺予防対策が常時行われている「線」の取り組み、それが全学的に広がる「面」の取り組みにしていくのが理想とするところです。

column 01

自殺の多い大学？

　私が学生時代を過ごした筑波大学には、その特徴を表す 5S という大学用語がありました。5S とは、勉強（Study）、科学（Sience）、スポーツ（Sports）、セックス（Sex）、そして自殺（Suicide）です（諸説あり）。1999 年の筑波學生新聞 158 号「筑波の自殺を検証する」という特集によれば、過去に大学で自殺が相次いで発生したこと（群発自殺）を発端として、筑波大学は自殺が多いと囁かれるようになりました。その理由として、大学に高い建物が多いこと、都内と比較して大学が社会と隔絶された環境（大学＝町）であること、学生のエリート気質ゆえのもろさ、恋人のいない学生の所属感のなさなどが取材によって解説されていました。

　この過去の噂話は、現在の学生に、都市伝説ではなく真実のように語り継がれています。私もいまだに訊かれることがあります。実際は、筑波大学では一早く自殺対策が講じられるようになり、他大学に比べて自殺が多いわけではないことは様々な所で説明されています。ここでも改めてこの噂話を否定しておきましょう。

　ただ興味深かったのは、筑波學生新聞の最後に、自殺の原因の多くは「孤独

感」だとまとめられていることです。大学環境と学生の要因の相互作用によって、学生が孤独に追い込まれやすくなっていないか、地域に位置付けられた大学を俯瞰的に考える必要があることは昔も今も変わらず重要といえるでしょう。

4　調査研究から示されていること

(1) 学生の自己申告による自殺念慮の経験率

　日本財団（2017）による調査では全国で自殺念慮を経験している 20 歳以上の男女は 25.4% で、そのうち 20 〜 39 歳は 34.5% と最もリスクの高い世代であったことが示されています。学生の自殺念慮の経験率はいくつかの心理尺度で調査され、一定期間のうつ状態を測定する尺度を用いて報告された自殺念慮は、日本版 BDI-Ⅱ（Beck Depression Inventory-Ⅱ）を用いた西山・坂井（2009）で 953 人中 265 人（27.8%）、QIDS-J（簡易抑うつ症状尺度）を用いた佐藤（2018）では、全国 13 大学の大学生 1,120 人のうち 8.5%（男性 9.5%、女性 7.9%）となっています。また健康診断などで使用される UPI（University Personality Inventory）の項目で自殺念慮に同意したのは医学 1 年生 1,185 人中 126 人（10.6%）でした（Sugawara et al., 2023）。全国からサンプリングしている佐藤（2018）の結果から推定[5]すると、全国の大学でも 6.9 〜 10.1% の学生が直近 1 ヵ月間の自殺念慮を報告する可能性があります。

(2) 相談機関の報告による自殺念慮・企図の経験率

　相談機関の種類やスクリーニング方法によってばらつきはあるものの、医療・相談機関で報告される学生の自殺念慮や自殺企図の割合は、急激に高まるわけではありません。富山大学の学生なんでも相談窓口の報告では、対応した一定期間の相談実人数のうち、自殺関連行動のあったケースの実人数は 6.1 〜 9.3% でした（八島他, 2013）。横浜市立大学の健康診断のスクリーニングでは、複数の心理尺度で一次スクリーニングを経た学生 2,239 人のうち、自殺念慮の陽性者は 63 人（2.8%）であり、一般的な自己申告より非常に少ない割合です

5　母比率の 95 ％信頼区間を算出した結果

（小田原他，2020）。また、精神科医療機関を初診した大学・大学院生 64 名のうち、過去 3 ヵ月の自殺念慮は 18.8%、自殺企図 7.8%、自傷行為 10.9% と報告されています（樫村他，2014）。大学の相談窓口や医療機関で対応する学生の少なく見積もって 10 人に 1 〜 2 人は、自殺関係の問題を抱えている可能性があります。

(3) 危険因子以外の関連要因

①神経発達症（発達障害）

　発達障害学生については令和 4 年 5 月時点で、診断書がある学生数は 8,811 人、1 人以上在籍する大学は 592 校、診断書はないものの配慮の必要な学生数は 2,196 人、1 人以上在籍する大学は 288 大学あり（JASSO, 2023）、今後も在籍する学生は増えていくでしょう。

　神経発達症の中でも、自閉スペクトラム症（ASD）や注意欠如・多動症（ADHD）と自殺念慮や行動との関連が検討されています。岡本他（2019）によれば、保健管理センターで対応した AS 特性をもつ大学生 77 例のうち 18 例（23.4%）が自殺関連問題を呈し、抑うつや対人関係トラブルとの関連がありました。また ADHD の大学生は対照群より自殺念慮と関連行動率が 4 倍高く（Laura et al., 2020）、抑うつや自尊心を介して自殺念慮が高まる可能性も指摘されています（Arsandaux et al. 2021）。視聴覚障害を重複している学生のケースでも、発達障害が未診断で、適応障害やうつ病などを合併している例が多く、発達特性を在学中の早期に把握する必要性が示されています（佐々木，2017a; 2018）。ASD の特性をカモフラージュして集団に溶け込もうとする傾向が、大学生の所属感の減弱（第 2 章 43 ページ参照）や、生涯自殺念慮を経験するリスクと関係することも示唆される（Cassidy et al., 2020）ため 2024 年 4 月から義務化された大学での合理的配慮によって、発達障害学生が学生生活を送りやすくなるようになることは必要不可欠です。

②睡眠問題

　最近のレビューでは、大学生の不眠や悪夢は、所属感の減弱や苦痛などを介して、自傷行為や自殺念慮、自殺行動と関連することが示されています（Russell et al., 2019）。今の学生は学業や研究、課外活動、アルバイト、家事などで

忙しく、一人暮らしでは特に生活リズムを崩しやすいため、健康診断時の睡眠状況の把握も有用でしょう。

③性的マイノリティ

　学生全体でみると数が少ないため、これまでの自殺の統計では言及されていませんが、**LGBTQ+** の人々は自傷行為、自殺念慮、自殺企図の経験率が高いことが示されています（King et al., 2008; Blosnich & Bossarte, 2012）。ジェンダーアイデンティティやセクシャリティそのものが自殺に関連するのではなく、マイノリティであることに関連する否定的な経験や社会的要因（例えば、いじめや差別、親密なパートナーからの暴力、サポートの少なさなど）が、学生の自殺リスクを高めると複数の研究で述べられています（Blosnich & Bossarte, 2012; Gnan et al., 2019; Jadva et al., 2023）。さらに、大学生が人種・民族や性自認で「疎外されたアイデンティティ」を多くもつことは、後述する負担感の知覚や所属感の減弱、絶望感を通して、より深刻な自殺念慮を報告しました（Shepherd et al., 2023）。大学では、LGBTQ+ にフレンドリーな風土をつくっていくこと、教職員がオープンな姿勢を表明することが重要と考えられます。

④インターネット・ゲーム依存

　自殺の危険因子とまではいえませんが、自殺念慮との関連が示唆されています。九州大学の 1 年生を対象とした調査では、希死念慮のあった学生のほうが、携帯電話や PHS がないと不安だと回答した学生の割合が高かったため、希死念慮と依存傾向の関連を示唆しています（熊谷他, 2016）。中国の大学生 8,098 人を対象とした調査では、**インターネット依存症**に該当する学生が 7.7%、そのうちの自殺企図率は 21.4% で、依存症者以外と比べて不安、自殺念慮、自殺計画の割合も高かったことが分かりました（Shen et al., 2020）。アメリカの大学生・院生 2,984 人についても、**インターネット・ゲーム障害**の有病率が 5.3% で、有病者の自殺念慮や自殺企図、うつ、社交不安の割合が高くなっています（Ohayon & Roberts, 2021）。日本人 20 〜 39 歳の 310 人を対象とした調査（Koga & Kawashima, 2019）ではゲーム依存と自殺傾性の間の関連は弱かった（$r = .18 \sim .23$）ため、依存の背景にあるうつなどの交絡因子によって、自殺リスクが高まる可能性があります（Seki et al., 2019）。

⑤ソーシャルメディア

ソーシャルメディア利用への依存（Medrano & Rosales, 2018）や Instagram などのソーシャルメディア上での否定的な社会的比較（Spitzer et al., 2023）、公的なソーシャルメディアの積極的利用（Kingsbury et al., 2021）は、うつや自殺念慮との関連が示されています。

インターネット、ゲーム、ソーシャルメディアの3つの "娯楽" は、タバコ、お酒、大麻と比較して学生への普及率が高く、健康的に使用することもできるため、使用の有無や量ではなく、それらに関連する問題（不規則な生活、ネットいじめ、金銭問題など）に焦点を当てて考える必要があります。特にソーシャルメディアで不特定多数の人から向けられる誹謗中傷との関連が疑われる自殺が起きています。そのため、利用上の注意点について大学でも啓発が必要です。またインターネットやソーシャルメディアに関しては、過度な利用や利用方法によっては自殺リスクにつながりうる側面を認識しながらも、どのように自殺予防に活用するかについての研究も活発に行われています。したがって、適度な利用や上手な活用を前提に置いて、付き合っていくべきでしょう。

5　学生の自殺の国際比較

自殺の問題を抱えているのは日本の学生だけではありません。国際的にも自殺念慮や自殺企図の経験率は高い割合を示し、いずれの国でも大学の自殺対策が課題となっています。

アメリカで毎年行われている The Health Minds Study の 2022 年度の結果では、76,406 人の大学生と院生（18 〜 21 歳までで約 60 ％、それ以上の年齢が残りの 50％）のうち、1 年以内の自殺念慮を 14 ％、自殺計画を 6 ％、自殺企図を 2 ％、自傷行為を 29% が報告しており（The Healthy Minds Network, 2023）、日本とあまり変わりません。ただし、アメリカは全人口の自殺死亡率が日本より低く、13 校のビッグ 10 大学[6] で 2009 年 9 月 1 日〜 2019 年 8 月 31 日までに起

6　アメリカ国内で学業やスポーツで優秀な大学。この研究にはイリノイ州、インディアナ州、アイオワ州、ミシガン州、ミネソタ州、ネブラスカ州、オハイオ州、ペンシルバニア州、ウィスコンシン州の大学が参加。

きた学生の自殺率は 5.6（男性 6.37、女性 1.72）と、日本の半数以下です（National Academies of Sciences, Engineering, and Medicine, 2021）。

　若者の自殺対策に力を入れるイギリスで、Akram et al.（2020）が自殺行動質問票（SBQ-R）を用いて行った調査では、1,237 人の大学生のうち 475 人（37.3％）が健常群のカットオフ得点以上の自殺リスクを有し、1 年の間に自殺を試みようとしたことのある学生が 10.8％ に上りました。将来的な自殺の可能性を示した学生が 6 ％であり、一般人口より学生の自殺念慮の報告が高いことを示しています。2010 〜 2018 年の間に都市の大学で亡くなった学生 37 名に関する分析では、男性、給付型奨学金を受ける必要のある経済状況であること、学業上の困難（留年や進路変更、退学など）が危険因子として挙げられています（McLaughlin & Gunnell, 2021）。

　東南アジア諸国連合（ASEAN）の 6 ヵ国（カンボジア、インドネシア、マレーシア、ミャンマー、タイ、ベトナム）の大学生 4,675 人を対象とした調査では、自殺念慮を 546 人（11.7％）、自殺企図経験を 112 人（2.4％）が報告しました（Peltzer et al., 2017）。自殺念慮はミャンマーの女性（19.3％）が最も多く有し、自殺企図はタイの男性（13.7％）が最も多く経験していました。

　学生の問題が国際的であることは、各国の大学の自殺対策を参照し合えるということでもあると同時に、日本から留学する学生や、日本にやってくる留学生の自殺対策を考える必要があるということも意味します。特に後者は、日本の大学が取り組まなければならない自殺対策の対象者の一員です。

　2022 年 5 月の外国人留学生は約 23 万人で、出身国は中国、ベトナム、ネパール、韓国の順で多くなっています（文部科学省, 2023）。ネパールの自殺死亡率は日本と同等で、医学生を対象とした調査では 1 割が自殺念慮を示し、家族関係の理由が一般的であることが示されています（Menezes et al., 2012）。また近年 OECD 諸国で最も自殺率の高い韓国では 2001 〜 2009 年の大学生の自殺件数は年平均で 230 人であり（中央日報日本語版 2011 年 4 月 12 日）、韓国の保健福祉部（日本の厚生労働省にあたる）が発行している 2022 年の自殺予防白書によれば、2020 年の自殺者数は 13,195 人、自殺率は 25.7 で日本より高くなっています。警察庁の自殺統計には外国人の死亡も含まれ、亡くなった方の国籍は韓国が半数近くを占めています。

　日本は「世界でも自殺大国」というイメージが先行し、留学生のあまりいな
い大学では特に、自殺は日本人学生のみの問題だと捉えてしまいたくなるかも
しれません。しかし、母国で自死に関連する経験をもってから留学に来ている
可能性や、日本の大学で自殺の危険因子にさらされることがあります。そのた
め、留学生も含めて誰もが大学の自殺予防対策の対象者であると認識し、多様
な言語や文化を踏まえて自殺予防対策を展開していく必要があります。

引用文献

Akram, U., Ypsilanti, A., Gardani, M., Irvine, K., Allen, S., Akram, A., Drabble, J., Bickle, E., Kaye, L., Lipinski, D., Matuszyk, E., Sarlak, H., Steedman, E., & Lazarus, L. (2020). Prevalence and psychiatric correlates of suicidal ideation in UK university students. *Journal of affective disorders, 272*, 191-197. https://doi.org/10.1016/j.jad.2020.03.185

Arria, A. M., O'Grady, K. E., Caldeira, K. M., Vincent, K. B., Wilcox, H. C., & Wish, E. D. (2009). Suicide ideation among college students: a multivariate analysis. *Archives of suicide research: official journal of the International Academy for Suicide Research, 13* (3), 230-246. https://doi.org/10.1080/13811110903044351

Arsandaux, J., Orri, M., Tournier, M., Gbessemehlan, A., Coté, S., Salamon, R., Tzourio, C., & Galéra, C. (2021). Pathways From ADHD Symptoms to Suicidal Ideation During College Years: A Longitudinal Study on the i-Share Cohort. *Journal of attention disorders, 25*(11), 1534-1543. https://doi.org/10.1177/1087054720915246

Bhaskaran, J., Afifi, T. O., Sareen, J., Vincent, N., & Bolton, J. M. (2023). A cross-sectional examination of sudden-death bereavement in university students. *Journal of American college health, 71*(6), 1696-1704. https://doi.org/10.1080/07448481.2021.1947298

Bostwick, J. M., Pabbati, C., Geske, J. R., & McKean, A. J. (2016). Suicide Attempt as a Risk Factor for Completed Suicide: Even More Lethal Than We Knew. *The American journal of psychiatry, 173*(11), 1094-1100. https://doi.org/10.1176/appi.ajp.2016.15070854

Bruffaerts, R., Mortier, P., Auerbach, R. P., Alonso, J., Hermosillo De la Torre, A. E., Cuijpers, P., Demyttenaere, K., Ebert, D. D., Green, J. G., Hasking, P., Stein, D. J., Ennis, E., Nock, M. K., Pinder-Amaker, S., Sampson, N. A., Vilagut, G., Zaslavsky, A. M., Kessler, R. C., & WHO WMH-ICS Collaborators (2019). Lifetime and 12-month treatment for mental disorders and suicidal thoughts and behaviors among first year college students. *International journal of methods in psychiatric research, 28*(2), e1764. https://doi.org/10.1002/mpr.1764

Cassidy, S. A., Gould, K., Townsend, E., Pelton, M., Robertson, A. E., & Rodgers, J. (2020). Is Camouflaging Autistic Traits Associated with Suicidal Thoughts and Behaviours? Expanding the Interpersonal Psychological Theory of Suicide in an Undergraduate

Student Sample. *Journal of autism and developmental disorders, 50*(10), 3638-3648. https://doi.org/10.1007/s10803-019-04323-3

張賢徳 (2016). 自殺リスクの評価―ハイリスク者の発見と対応― 心身医学, *56*(8), 781-788.

Jobes, D. A., & Joiner, T. E. (2019). Reflections on Suicidal Ideation. *Crisis, 40*(4), 227-230. https://doi.org/10.1027/0227-5910/a000615

Choi, N. G., DiNitto, D. M., Marti, C. N., & Segal, S. P. (2017). Adverse childhood experiences and suicide attempts among those with mental and substance use disorders. *Child abuse & neglect, 69*, 252-262. https://doi.org/10.1016/j.chiabu.2017.04.024

del Carpio, L., Paul, S., Paterson, A., & Rasmussen, S. (2021). A systematic review of controlled studies of suicidal and self-harming behaviours in adolescents following bereavement by suicide. *PLoS ONE 16*(7), e0254203. https://doi.org/10.1371/journal.pone.0254203

Franklin, J. C., Ribeiro, J. D., Fox, K. R., Bentley, K. H., Kleiman, E. M., Huang, X., ... Nock, M. K. (2017). Risk factors for suicidal thoughts and behaviors: A meta-analysis of 50 years of research. *Psychological Bulletin, 143*(2), 187-232. https://doi.org/10.1037/bul0000084

Fresán, A., Dionisio-García, D. M., González-Castro, T. B., Ramos-Méndez, M. Á., Castillo-Avila, R. G., Tovilla-Zárate, C. A., ... Nicolini, H. (2022). Cannabis smoking increases the risk of suicide ideation and suicide attempt in young individuals of 11-21 years: A systematic review and meta-analysis. *Journal of psychiatric research, 153*, 90-98. https://doi.org/10.1016/j.jpsychires.2022.06.053

Fuller-Thomson, E., Baird, S. L., Dhrodia, R., & Brennenstuhl, S. (2016). The association between adverse childhood experiences (ACEs). and suicide attempts in a population-based study. *Child: Care, Health and Development, 42*, 725-734. https://doi.org/10.1111/cch.12351

Georgina H. Gnan, Qazi Rahman, Greg Ussher, Dan Baker, Elizabeth West & Katharine A. Rimes (2019). General and LGBTQ-specific factors associated with mental health and suicide risk among LGBTQ students. *Journal of Youth Studies, 22*(10), 1393-1408, https://doi.org/10.1080/13676261.2019.1581361

Hoertel, N., Franco, S., Wall, M. et al. (2015). Mental disorders and risk of suicide attempt: a national prospective study. *Mol Psychiatry, 20*, 718-726 https://doi.org/10.1038/mp.2015.19

Jadva, V., Guasp, A., Bradlow, J. H., Bower-Brown, S., & Foley, S. (2023). Predictors of self-harm and suicide in LGBT youth: The role of gender, socio-economic status, bullying and school experience. *Journal of public health* (*Oxford, England*), *45*(1), 102-108. https://doi.org/10.1093/pubmed/fdab383

JASSO (2023). 令和 4 年度 (2022 年度). 障害のある学生の修学支援に関する実態調査 https://www.jasso.go.jp/statistics/gakusei_shogai_syugaku/2022.html

Jasso-Medrano, J. L., & López-Rosales, F. (2018). Measuring the relationship between social media use and addictive behavior and depression and suicide ideation among university students. *Computers in Human Behavior, 87*, 183-191. https://doi.org/10.1016/j.chb.2018.05.003

John, B., & Robert, B. (2012). Drivers of Disparity: Differences in Socially Based Risk Factors of Self-injurious and Suicidal Behaviors Among Sexual Minority College Students. *Journal of American College Health, 60*(2), 141-149, https://doi.org/10.1080/07448481.2011.623332

樫村正美・石村郁夫・竹下遥・大江悠樹・野村俊明・西松能子 (2014). 一医療施設における学生の精神科受診動向に関する調査研究　日本医科大学基礎科学紀要, *43*, 73-85.

警察庁 (2023). 組織犯罪対策に関する統計. 令和 4 年における組織犯罪の情勢　https://www.npa.go.jp/publications/statistics/kikakubunseki/index.html

King, M., Semlyen, J., Tai, S. S., Killaspy, H., Osborn, D., Popelyuk, D., & Nazareth, I. (2008). A systematic review of mental disorder, suicide, and deliberate self harm in lesbian, gay and bisexual people. *BMC psychiatry, 8*, 70. https://doi.org/10.1186/1471-244X-8-70

Kingsbury, M., Reme, B.-A., Skogen, J. C., Sivertsen, B., Øverland, S., Cantor, N., Hysing, M., Petrie, K., & Colman, I. (2021). Differential associations between types of social media use and university students' non-suicidal self-injury and suicidal behavior. *Computers in Human Behavior, 115*, Article 106614. https://doi.org/10.1016/j.chb.2020.106614

Klomek, A. B., Sourander, A., Niemelä, S., Kumpulainen, K., Piha, J., Tamminen, T., Almqvist, F., & Gould, M. S. (2009). Childhood bullying behaviors as a risk for suicide attempts and completed suicides: a population-based birth cohort study. *Journal of the American Academy of Child and Adolescent Psychiatry, 48*(3), 254-261. https://doi.org/10.1097/CHI.0b013e318196b91f

Koga, Y., & Kawashima, D. (2019). The Relationship Between Video Game Play and Suicide Risk Among Japanese Young Adults. In C. Stephanidis, & M. Antona, (Eds.) HCI International 2019-Late Breaking Posters. HCII 2019. *Communications in Computer and Information Science, vol 1088*. Springer, Cham. https://doi.org/10.1007/978-3-030-30712-7_39

河野美江・執行三佳・武田美輪子・折橋洋介・大草亘孝・川島渉・布施泰子 (2018). 日本の大学生における性暴力被害経験と精神健康度　大学のメンタルヘルス, *2*, 82-89.

熊谷秋三・大曲めぐみ・高柳茂美・林直亨・松下智子・福盛英明・眞崎義憲・一宮厚 (2016). 大学生の学修不良者および希死念慮保有者のメンタルヘルスとその関連要因：EQUSITE Study　健康科学, *38*, 1-10.

Laura, D. E., Hana-May, E., Rosanna, B., & Joshua M. L. (2020). Prevalence and predictors of suicidal ideation, plan, and attempts, in first-year college students with ADHD, *Journal of American College Health, 68*(3), 313-319. https://doi.org/10.1080/07448481.2018.1549555

Lira, S. B., Vieira, F., Cavalcanti, D. E., Souza-Marques, B., Netto, L. R., Correia-Melo, F. S.,

Leal, G. C., Pereira, J. L., Santos, L. L., Guedes, G. M., Teles, C. A., Cardoso, T. A., Miranda-Scippa, Â., Kapczinski, F., Lacerda, A. L. T., Koenen, K. C., Turecki, G., & Quarantini, L. C. (2022). Suicide attempt, impulsivity, and exposure to trauma in college students. *Revista brasileira de psiquiatria (Sao Paulo, Brazil: 1999), 44*(3), 279-288. https://doi.org/10.1590/1516-4446-2021-2175

López Steinmetz, L. C., Fong, S. B., & Godoy, J. C. (2021). Suicidal risk and impulsivity-related traits among young Argentinean college students during a quarantine of up to 103-day duration: Longitudinal evidence from the COVID-19 pandemic. *Suicide & life-threatening behavior, 51*(6), 1175-1188. https://doi.org/10.1111/sltb.12799

Matsubayashi, T., Ueda, M., & Yoshikawa, K. (2016). School and seasonality in youth suicide: evidence from Japan. *Journal of epidemiology and community health, 70*(11), 1122-1127. https://doi.org/10.1136/jech-2016-207583

McLaughlin, J. C., & Gunnell, D. (2021). Suicide deaths in university students in a UK city between 2010 and 2018-Case series. *Crisis, 42*(3), 171-178. https://doi.org/10.1027/0227-5910/a000704

Menezes, R. G., Subba, S. H., Sathian, B., Kharoshah, M. A., Senthilkumaran, S., Pant, S., Arun, M., Kundapur, R., Jain, A., Lobo, S. W., & Ravi Shankar, P. (2012). Suicidal ideation among students of a medical college in Western Nepal: a cross-sectional study. *Legal medicine (Tokyo, Japan), 14*(4), 183-187. https://doi.org/10.1016/j.legalmed.2012.02.004

Ministry of Health & Welfare, Korea Foundation for Suicide Prevention (2023). White Paper on Suicide Prevention 2022. https://www.korea.kr/docViewer/skin/doc.html?fn=196831724&rs=/docViewer/result/2022.06/14/196831724

文部科学省 (2023). 令和 4 年度公立学校教職員の人事行政状況調査について https://www.mext.go.jp/a_menu/shotou/jinji/1411820_00007.htm

National Academies of Sciences, Engineering, and Medicine; Health and Medicine Division; Policy and Global Affairs; Board on Health Sciences Policy; Board on Higher Education and Workforce; Committee on Mental Health, Substance Use, and Wellbeing in STEMM Undergraduate and Graduate Education, Scherer, L. A., & Leshner, A. I. (Eds.). (2021). Mental Health, Substance Use, and Wellbeing in Higher Education: Appendix D, The Rate of Student Death from Suicide from the Big Ten Counseling Centers: 2009-2018. Supporting the Whole Student. National Academies Press (US). https://doi.org/ 10.17226/26015

日本コープ共済生活協同組合連合会 (2021). 大学生協の保障制度からみた大学生の病気・ケガ・事故 2021 https://kyosai.univcoop.or.jp/group/pdf/pamph_sick2021.pdf

日本財団 (2017). 日本財団自殺意識調査 https://www.nippon-foundation.or.jp/who/news/information/2017/20170301-21901.html

日本財団子どもの生きていく力サポートプロジェクト (2023). 「日本財団第 5 回自殺意識調査」報告書 new_pr_20230407_02.pdf (nippon-foundation.or.jp)

西山佳子・坂井誠 (2009). 日本人大学生に対するうつ病評価尺度 (日本版 BDI-II). 適用の有

用性（資料）行動療法研究, *35*(2), 145-154.

Norström, T., & Rossow, I. (2016). Alcohol Consumption as a Risk Factor for Suicidal Behavior: A Systematic Review of Associations at the Individual and at the Population Level. *Archives of suicide research : official journal of the International Academy for Suicide Research, 20*(4), 489-506. https://doi.org/10.1080/13811118.2016.1158678

小田原俊成・土井原千穂・岸本智美・上村紀子・伴野梨沙・圓谷弘美・菅野美穂 (2020). 若者の自殺対策―健康診断および学生相談を通じた横浜市大の取り組み― 自殺予防と危機介入, *40*(1), 62-64.

Ohayon, M. M., & Roberts, L. (2021). Internet gaming disorder and comorbidities among campus-dwelling U.S. university students. *Psychiatry research, 302*, 114043. https://doi.org/10.1016/j.psychres.2021.114043

大泉光一 (2006). 危機管理学総論―理論から実践的対応へ― ミネルヴァ書房.

岡本百合・三宅典恵・香川芙美・吉原正治 (2019). 大学生における自閉症スペクトラム 心身医学, *59*(5), 423-428.

Peltzer, K., Yi, S., & Pengpid, S. (2017). Suicidal behaviors and associated factors among university students in six countries in the Association of Southeast Asian Nations (ASEAN). *Asian journal of psychiatry, 26*, 32-38.

Pitman, A. L., Osborn, D. P., Rantell, K., & King, M. B. (2016). Bereavement by suicide as a risk factor for suicide attempt: a cross-sectional national UK-wide study of 3432 young bereaved adults. *BMJ open, 6*(1), e009948. https://doi.org/10.1136/bmjopen-2015-009948

Pitman, A. L., King, M. B., Marston, L., & Osborn, D. P. J. (2020a). The association of loneliness after sudden bereavement with risk of suicide attempt: a nationwide survey of bereaved adults. *Social psychiatry and psychiatric epidemiology, 55*(8), 1081-1092. https://doi.org/10.1007/s00127-020-01921-w

Pitman, A., Stevenson, F., King, M., & Osborn, D. (2020b). Self-Reported Patterns of Use of Alcohol and Drugs After Suicide Bereavement and Other Sudden Losses: A Mixed Methods Study of 1,854 Young Bereaved Adults in the UK. *Frontiers in psychology, 11*, 1024. https://doi.org/10.3389/fpsyg.2020.01024

Poorolajal, J., & Darvishi, N. (2016). Smoking and Suicide: A Meta-Analysis. *PloS one, 11*(7), e0156348. https://doi.org/10.1371/journal.pone.0156348

Russell, K., Allan, S., Beattie, L., Bohan, J., MacMahon, K., & Rasmussen, S. (2019). Sleep problem, suicide and self-harm in university students: A systematic review. *Sleep medicine reviews, 44*, 58-69. https://doi.org/10.1016/j.smrv.2018.12.008

佐々木恵美 (2017a). 精神障害を持つ障害学生の修学支援について～過去 6 年間の統計から～つくば技術大学テクノレポート, *25*, 151-152.

佐々木恵美 (2017b). 留学生を含めたメンタルヘルスのスクリーニング CAMPUS HEALTH, *54*(2), 24-29.

佐々木恵美 (2018). 障害学生に対する自殺予防活動および自殺関連行動への介入事例の分析 筑波技術大学テクノレポート, *26*(1), 134-135.

佐藤祐基（2018）．大学生の抑うつ症状，躁症状，不安症状および自閉傾向に関する調査研究　科学研究費 2015 年度実施状況報告書．

Seonaid C., Dave S., Heather, M., & Tiago, Z. & Rory O. (2022). The Integrated Motivational-Volitional (IMV). Model and Suicide Risk In Students: The Role Of Perfectionism. In M. Sharon, & S. Jo (Ed.). Preventing and Responding to Student Suicide : A Practical Guide for FE and HE Settings.

Shen, Y., Meng, F., Xu, H., Li, X., Zhang, Y., Huang, C., Luo, X., & Zhang, X. Y. (2020). Internet addiction among college students in a Chinese population: Prevalence, correlates, and its relationship with suicide attempts. *Depression and anxiety, 37*(8), 812-821. https://doi.org/10.1002/da.23036

Shepherd, B. F., Kelly, L. M., Brochu, P. M., Wolff, J. C., & Swenson, L. P. (2023). An examination of theory-based suicidal ideation risk factors in college students with multiple marginalized identities. *American Journal of Orthopsychiatry, 93*(2), 107-119. https://doi.org/10.1037/ort0000666

Silverman, M. M., Meyer, P. M., Sloane, F., Raffel, M., & Pratt, D. M. (1997). The Big Ten Student Suicide Study: a 10-year study of suicides on midwestern university campuses. *Suicide & life-threatening behavior, 27*(3), 285-303. https://doi.org/10.1111/j.1943-278X.1997.tb00411.x

Spitzer, E. G., Crosby, E. S., & Witte, T. K. (2023). Looking through a filtered lens: Negative social comparison on social media and suicidal ideation among young adults. *Psychology of Popular Media, 12*(1), 69-76. https://doi.org/10.1037/ppm0000380

末木新（2023）．自殺対策は機能し，「自殺」者数は減っているのか？　Voice 8 月号

高橋祥友（2006）．自殺の危険―臨床的評価と危機介入　金剛出版

The Healthy Minds Network (2023). THE HEALTHY MINDS STUDY 2022-2023 Data Report. https://healthymindsnetwork.org/wp-content/uploads/2023/08/HMS_National-Report-2022-2023_full.pdf

八島不二彦・今井優子・斎藤清二・宮脇利男・西川友之・立浪勝・松井祥子・瀬尾友徳・竹澤みどり・酒井渉・彦坂伸一・野原美幸・二上千恵子・原淳さゆみ（2013）．富山大学における自殺防止対策システムの構築と活動実績　学園の臨床研究, *12*, 13-18.

山﨑勇・金井美保子・榛葉清香・下平憲子・野村華子・山岡俊英・大場美奈・高橋徹・高橋知音・森田洋（2021）．信州大学における学生支援体制の拡充と効果―精神的健康と自殺予防の観点から―　CAMPUS HEALTH, *58*(2), 162-168.

内田千代子（2010）．21 年間の調査からみた大学生の自殺の特徴と危険因子―予防への手がかりを探る―　精神神経学雑誌, *112*(6), 543-560.

Van Orden, K. A., Witte, T. K. James, L. M., Castro, Y., Gordon, K. H., Braithwaite, S. R., Hollar, D. L., & Joiner, T. E., (2008). Suicidal ideation in college students varies across semesters: the mediating role of belongingness. *Suicide & life-threatening behavior, 38*(4), 427-435. https://doi.org/10.1521/suli.2008.38.4.427

Wang, G. F., Han, A. Z., Zhang, G. B., Xu, N., Xie, G. D., Chen, L. R., Yuan, M. Y., & Su, P. Y. (2020). Sensitive periods for the effect of bullying victimization on suicidal behaviors among university students in China: The roles of timing and chronicity. *Journal of affective disorders, 268*, 12-19. https://doi.org/10.1016/j.jad.2020.02.049

渡辺晋也 (2021). 社交不安症とうつ病の予測因子：大学生の自殺予防のための研究　北海道大学大学院学位論文

Wilcox, H. C., Arria, A. M., Caldeira, K. M., Vincent, K. B., Pinchevsky, G. M., & O'Grady, K. E. (2010). Prevalence and predictors of persistent suicide ideation, plans, and attempts during college. *Journal of affective disorders, 127*(1-3), 287-294. https://doi.org/10.1016/j.jad.2010.04.017

第2章

学生の自殺予防を考える視点

第1章では、学生の自殺の現状を知り、大学で何が起きているのか、学生の自殺の危険因子とは何なのか、誰が自殺予防の対象になるのか、について考え、大学で自殺予防が重要であることを確認しました。次にこの章では、具体的な学生の自殺予防を考える視点に立つために、現在の学生が死を考える背景に何があるのかについて「生きづらさ」と自殺に至る過程を説明する諸理論から考えます。そして、大学における自殺予防対策を考える拠り所となるフレームワークを紹介します。

1 日本の学生の生きづらさ

「生きづらい」「生きにくい」という言葉は、「死にたい」という表現と比べると積極的に死を考えているニュアンスをもちませんが、自殺の相談窓口では頻繁に語られます。食べる、寝る、働く、人とかかわる——それら生きるために必要なこと全般への何らかの困難は、生きるエネルギーを消耗させ、生きていくことから人を遠ざけてしまいます。

飯田他（2008）は大学生117人に「生きにくさ」に関する質問紙調査を行い、自分の思いや気持ちに起因する生きにくさ、自分と他者とのかかわりに起因する生きにくさ、自分と社会・環境とのかかわりに起因する生きにくさの3つに大きく分類しました（**表2-1**）。これら3つの生きにくさは相互に関連し、それぞれが生きにくさを強め合うこともあります。そして大学生が生きにくさを感じるのは、①自分らしく生きることを阻害されたとき、②他者と協同して生きることができないとき、③社会や環境がその個人の求めるニーズに大きくかけ離れたときであると考察しました。自分の思いや気持ちに起因する生きに

38

表 2-1　大学生の「生きにくさ」

自分の思いや気持ちに起因する生きにくさ
(1)　自分のやりたいことができない。うまくいかない。
(2)　自分に自信がもてない。
(3)　自分のやりたいことが見つからない。自分という存在がわからない。
(4)　身体および心の不調を感じる。
(5)　自分の意に反することをしなければならない。
自分と他者とのかかわりに起因する生きにくさ
(1)　他者や周囲との関係がうまくいかない。
(2)　他者や周囲から認められない。理解されない。
(3)　他者や周囲とのかかわりで無理をしなければならない。気を遣わなければならない。
(4)　他者や周囲に行動や考えを押し付けられる。
(5)　自分にとっての重要な他者がいない。
自分と社会・環境とのかかわりに起因する生きにくさ
(1)　衣食住などの生活環境が満たされていない。
(2)　将来への不安。
(3)　社会や環境への適応に関すること。
(4)　差別や偏見、制約を受けること。
(5)　日常の生活における不便さ。

飯田他（2008）をもとに作成。

くさも、他者と比較して自信がもてなかったり、置かれた環境の中でやりたいことができなかったりと、他者や社会とのかかわりの中で形作られてくるものでしょう。北中（2021）は医療人類学の観点から、個人の生きづらさの背景にある歴史・社会・文化・政治的状況を構造的に分析する必要があるといいます。人の自殺の背景を考えるときに、私たちはまず個人の心理面に着目しがちですが、そこまでたどり着くには現代の学生が置かれている社会状況を同時に考えることが必要です。

　そこで、社会・環境とのかかわりに起因する生きにくさのうち、学生の「将来への不安」について取り上げてみます。今、学生に限らず多くの人が日本の先行きに希望をもてない状勢にあります。日本財団が 2022 年に実施した 6 ヵ国 17 ～ 19 歳（日本はそのうち 30.4 ％が大学生）を対象とした調査では、自分の国の将来が「良くなる」と回答した人は、最高の中国 95.7 ％に比べて、日本

は最低の13.9％でした。さらに、自身の将来や目標（「自分の将来が楽しみである」など）、社会とのかかわり（「自分の行動で、国や社会を変えられると思う」など）についても、前向きな回答率が他国と比較して軒並み最下位となっています。残念な結果ですが、どこか納得してしまう理由の1つには、「失われた30年」といわれる経済状況の停滞を私たちも認識しているためでしょう。

　進学機会が得られている点で、学生は同年齢集団よりも経済状況や学習環境に恵まれている点もありますが、進学しているからといって必ずしも恵まれた環境にあるわけではありません。それを示す1つが奨学金の受給状況です。令和2年度の奨学金の受給率はどの課程でも約半分の割合で、奨学金を必要ないとした学生の割合は3〜4割に留まります（JASSO, 2022）。日本の教育費は諸外国に比べて家庭の負担率が高く、アルバイトへの従事は学生生活を送るために必須であるため、コロナ禍でのアルバイト収入の減少は学生生活を継続する脅威となりました（小林, 2012; 2023）。現在の状況は依然として、学生の6割以上が突然大学に通えなくなり、準備もできぬまま社会に放り出される可能性と隣り合わせであることをも意味します。

　授業料の減免や給付型奨学金などの制度もある一方で、奨学金を借りた学生は卒業後も「借金」を返さねばならない、という将来の不安に襲われます。4年制大学より経済状況が厳しい可能性のある短大生についても、奨学金を受給してかつアルバイトしないと学生生活が成り立たず、自分が子どもを産み育てることは今後難しい、という悲観的な将来予想を多くの学生がもっていました（佐藤・小形, 2020）。学生の悲観的な将来予想は高校生や会社員などと比べても強く、大学生は特に就職・仕事、収入、世の中への不安感が楽しみや期待を上回っています（CCCマーケティング総合研究所, 2022）。

　卒業者の令和5年3月の就職率は大学97.3％、短大98.1％と決して低くはありません（文部科学省, 2023）が、新卒の月の平均所定内給与[7]は高専・短大卒で20.23万円、大学卒で22.85万円、大学院卒で26.79万円（厚生労働省, 2023）で、物価上昇中にもかかわらず低いままです。さらに、就職後1年目の離職率は令和4年で大卒12.0％、短大卒で19.2％と、10人に1人以上は早々

7　毎月支給される給与額のうち、所得税額などを控除する前の金額。

に退職しています。日本は自殺と失業の関連が強い国でもあるため、これらの社会実態が、学生の感じる生きづらさの一因となっている可能性は高いでしょう。

現在、大学には障害を伴う学生も多く進学するようになり、2024年4月1日からは合理的配慮が私立大学も含めて法的義務となりました。学びの機会の障壁が取り払われ、障害があっても学びやすい大学の環境づくりは、大学生活の中の生きづらさを改善する環境づくりの一歩となることが期待されます。しかし、大学が一時的に保護的な環境であるだけで、社会が生きづらさを感じさせる予感のするものであっては、学生は結局生きづらさをもち続けるかもしれません。

日本の今の自殺対策は、社会における「生きることの阻害要因」を減らし、「生きることの促進要因」を増やすことを通じて、社会全体の自殺リスクを低下させることを基本理念としています。私たちが生まれてから死ぬまでの間に、1本の道を転がるガラス玉[8]のような存在で、うまく進めないことを生きにくさであるとするならば、個人の要因、すなわちガラス玉がどのような大きさ、頑丈さや滑らかさなのかという点だけを見て、玉の進みを改善しようとはしません。社会の要因、すなわち、道の凸凹から生じる摩擦、道の上の障害物、傾斜の激しい道などの環境を見て、そのガラス玉がいかに快適に進めるのかを考えようとするはずです。学生が「生きづらい」「生きにくい」と話すときに、社会や大学環境の要因にも目を向けることが求められています。

---

column 02

国立、公立、私立の自殺予防の違い

日本の大学は私立が76.8％と圧倒的に多く、学生数も国立約59万人：公立16万人：私立217万人で6割が私立大生です。そのため自殺予防対策の対象の大半が私立大学に通う学生ですが、1つの大学あたりの在籍学生数が多い国立大学のほうが自殺の発生が多く、自殺対策も実施されている傾向があることは先述した通りです。

8　BUMP OF CHICKEN の楽曲『カルマ』で、命を「ガラス玉」に例えている歌詞から。

　学業への志向性は国公立と私立で異なり、一般的には選択肢の少ない国公立のほうが入学競争は激しく、入学後も学業的な負荷やストレスが大きい可能性があります。学業ストレスの認識や自らの学業への期待は自殺念慮と関連し、他者からの学業の期待は負担感の知覚を介して自殺念慮に関連することも示されています（Oginyi et al., 2018; Ortiz et al., 2023）。そのため、学業や研究力重視の国公立大学は特に、学業や研究の進捗、成果が予想以上に学生のメンタルヘルスに影響することを踏まえ、学生に対して多様な選択肢を呈示したり評価軸をもったりしておくことが重要と考えられます。

　次に相違点として挙げられるのが、学費の違いに代表される経済状況です。設置者別に学生の経済状況を言い表すのは難しく、家庭の収入では公立が低く、奨学金受給率は国立で低く、経済的問題に関する学生生活支援を課題に感じている大学は私立より国公立で多くなっています（JASSO, 2022）。各大学は学費や奨学金受給の傾向だけでなく、地域性やコロナ禍のような社会的出来事に伴って学生に掛かる経済コストがどのようになっているのか、多角的な視点で学生の経済状況を捉える必要があります。

　経済状況とも関連するのが居住形態です。私立に通う学生に自宅生が多いのに対して、国公立は下宿やアパートが多くなります。家族関係が悪いことは大学生の抑うつや自殺と関連する一方で、家族との別居は生活上のストレスとも関係します（Gençöz & Or, 2006）。実家以外から通学している学生の自殺が多い傾向がある（山崎他, 2022）とする報告もあるため、特に国公立では学生が実家の代わりに頼れるサポート資源を伝えていく必要があります。

　本質的には教育機関としての役割が異なり、国公立が研究教育や高度専門職業人の養成に力を入れているのに対し、私立は教養教育や幅広い職業人の養成に力を入れています。そのため重視する学生支援の分野も異なり、国公立の 7 割が学生相談を重視し、医師や常勤カウンセラーの配置率は国立が高くなっています。一方の私立では学生相談より就職支援に力を入れる傾向があります。確かに希望の就職先や進学先への不安があると回答している学生は国公立より私立の方が多い（JASSO, 2022）ため、学生に対応する組織体制は、学生の不安やニーズに応える形で各大学が工夫していると捉えることもできそうです。

2　自殺の心理プロセス

　仮に日本社会の構造から多くの学生が将来に不安を抱え、生きづらさを感じる状況にあったとしても、絶対数でみれば自殺を考える学生や自殺を行動に移す学生に比べて、自殺を考えない学生のほうが圧倒的に多いのもまた事実です。生きづらさを認識することと違い、自殺を考え、自殺を企図するまでに、どのような心理プロセスがあると考えられているのでしょうか。

　そこで、自殺が行動に移されるプロセスの説明を試みる理論のうち、現代の自殺対策に生かされている主流な理論3つと、日本の理論を1つ紹介します。自殺に至るプロセスを説明する理論は、学生がどの段階にいるのかアセスメントするのに活用できるとともに、自殺を防ぐためにどのような支援や対策ができるのかを考えるためにも活用します。

(1) 自殺の対人関係理論

　Joiner（2005）が提唱した**自殺の対人関係理論**は、学生相談における自殺予防の理論的基盤の1つとしても活用されています。この理論では自殺念慮と自殺企図を区別し、人の自殺念慮が生まれるのは**①負担感の知覚**（私はお荷物である、他人や社会に迷惑をかけているという感覚）と、**②所属感の減弱**（人とのつながりがなく孤独である感覚）という対人関係構造が同時に存在する状態であるとき、と考えます。ただし、致死的な自殺企図には、比較的その人に固有の**③身についた自殺潜在能力**が必要であり、自殺リスクの評価においてもこれを重視する必要があります（松長・北川，2015）。自殺潜在能力は、恐怖や痛みの伴う体験によって後天的に得られる、死や痛みへの恐怖のなさや耐性を意味し、特に死ぬことへの恐怖が中核的な要素です。自殺念慮がある大学生は、自殺念慮のない大学生に比べて、負担感が有意に高く、所属感は有意に低い傾向が見られたこと、自殺潜在能力は女性より男性に高く、臨床群では自殺企図回数と相関関係があったことが示されています（相羽他，2019）。

(2) 自殺行動の統合的動機づけ——意志モデル

　近年注目が集まっているのが、健康心理学の理論や対人関係理論もふまえて提唱された、O'Conor & Kirtley（2018）による**自殺行動の統合的動機づけ——意志モデル**（Integrated Motivational-Volitional model of suicide behaviour: **IMV モデル**）です（図 2-1）。この理論では、自殺のプロセスが、自殺の契機となる背景要因と出来事がある①**前動機づけ段階**（Pre-Motivational Phase）、自殺念慮や自殺の意図が形成される②**動機づけ段階**（Motivational Phase）、自殺念慮が行動に移行する③**意志段階**（Volitional Phase）の 3 段階に分けられます。

　動機づけ段階において自殺念慮が生じる中心的な心理的要因である「**敗北感**」（Defeat）と、逃げられないという閉塞感を表す「**エントラップメント**」（Entrapment）があり、それぞれに影響を与える要因群（モデレーター）があります。敗北感はエントラップメントを高め、エントラップメントは自殺念慮を高めます。意志段階では、自殺念慮が自殺行動に移行するためのモデレーターとして、様々な要素があります。対人関係理論が規定している自殺の潜在能力に相当する身体的痛みへの感受性・耐性や、死への恐怖のなさ、そして自殺手段へのアクセス、自殺の計画、衝動性、死ぬことや死後への心的イメージ、過

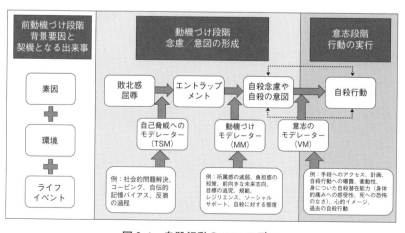

図 2-1　自殺行動の IMV モデル
O'Conor & Kirtley（2018）Figure.1 を著者訳。

去の自殺行動の８つの要素が説明されています（O'Conor & Kirtley, 2018）。そして、これらの段階に進む前提として、前動機づけ段階があります。前動機づけ段階の素因の例には、ネガティブなライフイベントに直面したときに敗北感やエントラップメントを経験しやすい完璧主義が挙げられます（Sanford et al., 2022）。IMV モデルでは、個人がどの段階にいて、どの要素を満たすのかをアセスメントし、段階に従って介入することが提案されています。

(3) 自殺の３ステップ理論

Klonsky & May（2015）が提唱した**３ステップ理論**（Three-Step Theory: **3ST**）は、上記の２つのモデルも踏まえて、自殺の考えから行動に移行する枠組みを示した理論です（図2-2）。自殺念慮の発展過程と、自殺念慮から自殺企図に進行する過程を別々に捉え、**痛み、絶望感、つながり、自殺企図の能力**の４つの要素でシンプルに説明しています。

第１ステップは、心理的な苦痛に限らない痛みがあり、その痛みがある状況が改善されることに希望をもてない、すなわち絶望感を同時に有する場合に、自殺念慮が生じると説明されます。次に、痛みと絶望感の両方を経験している人にとっての保護因子が、つながり（connectedness）です。これはほとんどの場合は他の人々とのつながりを指し、つながりがない、またはつながりを上回る痛みがあると自殺念慮が強くなります。これが第２ステップです。第３ステップでは、自殺念慮から行動を試みるのに自殺企図の能力（capasity）があると説明します。ここで提案されている能力は、対人関係理論の自殺潜在能力を発展させたもので、気質的な能力、後天的な能力、実践的な能力の３側面が

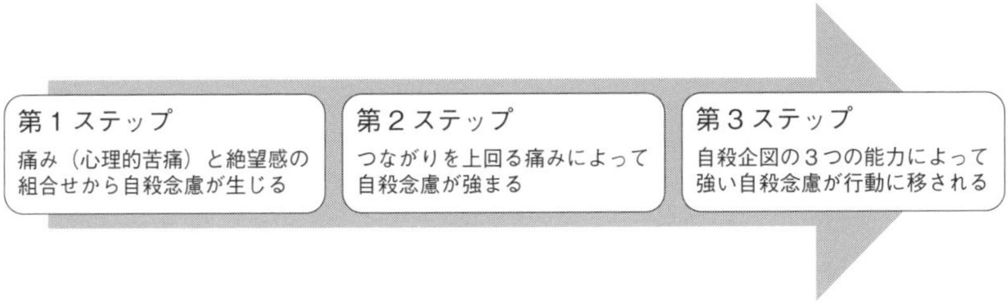

第１ステップ	第２ステップ	第３ステップ
痛み（心理的苦痛）と絶望感の組合せから自殺念慮が生じる	つながりを上回る痛みによって自殺念慮が強まる	自殺企図の３つの能力によって強い自殺念慮が行動に移される

図 2-2　自殺の３ステップ理論

挙げられています。気質的な能力は主に遺伝的に左右されるもので、後天的な能力は身についた潜在能力、実践的な能力は致死的手段への知識など具体的な要因を指します。中国の大学生を対象とした調査でもこの3ST理論を支持する結果が出ています（Yang et al., 2019）。

(4) つながりによる自殺経路モデル

つながりに着目した日本のモデルとしては、太刀川（2019）の提案した**つながりによる自殺経路モデル**があります（図2-3）。このモデルでは、社会的問題によって他者とのつながりの面で何らかの障害が生じたときに脳機能の混乱が引き起こされ、生じた苦痛から逃避すべく自分と相互行為している他者とのつながりを全面的に切断しようとする、すなわち社会的な存在の消去を目的として、自殺企図が衝動的に遂行される、と説明しています。これまで紹介してきた3つの理論と異なり、「脳機能の混乱」という生物学的にも裏付けのある要因が含まれている点や、精神症状が組み込まれている点が特徴的です。

この理論におけるつながりの障害とは、人と人とのつながりだけでなく、個人と社会とのつながりの問題も含まれます。生きづらさとして先述した将来への不安や社会への希望のなさは、まさに学生個人と社会とのつながりが希薄になっていることを示唆しています。

図2-3　つながりによる自殺経路モデル
太刀川（2019）をもとに筆者作成。

これらの理論に基づくと、学生の抱える生きづらさは自殺念慮や自殺企図に移行する可能性をもっていると考えられます。学生が生きづらいとき、IMVモデルでいえば前動機づけ段階にあるのかもしれません。しかし、自分と他者とのかかわりに起因する生きづらさは、所属感を減弱させ、負担感を増すことになりかねません。そうすると、生きづらさも自殺念慮になりえます。3STや自殺経路モデルは、自殺念慮のプロセスを進めないためには、どのようにつながるかは置いておくにせよ、痛みを上回るつながりがもてること、つながり

の障害に対する支援の重要性を示唆しています。そして自殺念慮が自殺企図に移行しないようにするためには、自殺が実行できる力をもたせないことが何より重要です。そのため、大学の全ての自殺予防対策の一貫した目標は、自殺企図に至るまでの条件が同時に揃うのを防ぐこと、ひいては自殺企図のプロセスを進める要因が無くなるように環境を整え、必要な段階で支援を提供することに他なりません。

3　自殺予防対策の考え方

　さて、以上の目標は従来イメージされる大学の自殺予防、すなわち生きづらさや自殺を考えている学生の相談に応え、支援を提供する支援体制によって達成できるものなのでしょうか。

　大学に置かれている相談機関には多くの学生が来談し、相談機関は学生の自殺を防ぐためになくてはならない存在です。しかしながら、ここまでに説明してきた学生の自殺の危険因子、生きづらさ、その背景にある社会構造、自殺念慮・企図に至ると考えられる条件・要因などを考えると、学生の自殺は重層的な問題であり、学生のための相談支援という一局面だけでは予防しきれないものであることは、いくら強調してもしすぎることはありません。

　ひとつは、自殺を考える学生が相談に来ないサービスギャップの問題があるためです。学生相談が抱える今後の課題に「悩みを抱えていながら相談に来ない学生への対応」を挙げている大学・短大は 9 割弱あり、精神的危機にある状況の学生への対応も、4 割弱の大学・短大が大学独自では実施困難と回答しています（JASSO, 2023）。実際に自殺で亡くなった学生のうち、保健管理施設につながっていた学生の割合は、例年の調査ではたった 1 〜 2 割に留まります。

　この背景には、相談機関の人員や時間が不足していることも一因として考えられます。国立大学や大きな大学以外は、学内に常勤の医師や心理士を十分に配置できません。資源の限界から、うまく学内の相談支援の入り口に入れなかった学生もいるはずです。このように、自殺予防のための相談資源に限りがあるのは大学だけの問題ではありません。日本全体を見ても、自殺の相談窓口はどこも相談者で逼迫しており、本来であれば 24 時間 365 日体制で行いたい

相談窓口を開くだけの「ひと」も「かね」も不足しているのです。

　では、このような体制の中でも大学の自殺予防対策を効果的に実施するには、どうしたらよいのでしょうか。そこで次に、自殺予防対策を実施するためのフレームワークをいくつかピックアップし、大学の自殺予防対策のあるべき姿を考えてみましょう。

(1) WHO による世界自殺予防戦略

　WHO（2014）の自殺予防戦略は公衆衛生モデルを反映し、①サーベイランス（問題は何か）、②危険因子・保護因子の同定（原因は何か、その影響を和らげるものは何か）、③介入の開発と評価（何が誰に対して効果的か）、④実施（効果的な政策とプログラムの拡大）という 4 つのステップを循環して自殺対策を進めていきます（図 2-4）。

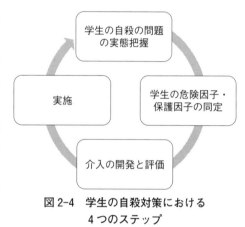

図 2-4　学生の自殺対策における 4 つのステップ
WHO（2014）図 1 をもとに作成。

　具体的な介入は、すでに同定された 5 領域（保健医療システム、社会、地域、人間関係、個人）の危険因子に関連した科学的根拠に基づき、誰を対象とするかによって**①全体的予防介入戦略**、**②選択的予防介入戦略**、**③個別的予防介入戦略**の 3 種類に整理されます。大学にこれらの介入を当てはめると**表 2-2** のようになります。学生一般の危険因子は先述した通りですが、その大学固有の危険因子や保護因子が考えられる可能性もあるため、危険因子・保護因子を同定するためにサーベイランスを行うことは重要です。

(2) 三階層自殺対策連動モデル

　いのち支える自殺対策推進センター（旧：自殺総合対策推進センター）は、**①社会制度のレベル**（法律や大綱、計画等の枠組みの整備・修正を行う層）、**②地域連携のレベル**（生活困窮や職業問題など自殺のリスク要因となるような問題の包括

表 2-2　大学における自殺予防戦略

全体的予防介入戦略	全学生を対象とする。 ・メンタルヘルス対策 ・学生のヘルスケアへのアクセス向上を図る
選択的予防介入戦略	脆弱性の高い（≒危険因子をもつ）学生集団を対象とする。 ・ゲートキーパー[9]養成 ・電話相談窓口の提供
個別的予防介入戦略	脆弱性の高い学生個人を対象とする。 ・自殺企図した学生へのフォローアップと地域支援 ・自殺関連行動・精神障害のアセスメントとマネジメント

的支援を行うために、関係機関が連携する層）、③**対人支援のレベル**（個々人の問題解決に取り組む相談支援の層）という三階層が有機的に連動することを三階層自殺対策連動モデル（Three-Level Model of Interconnecting Suicide Countermeasures: TIS モデル）と名付けて自殺対策を進めています。大学自体、三階層のうちの地域連携のレベルや対人支援のレベルに参画しているといえます。

　1 つの大学の中で TIS モデルを描くこともできます（**図 2-5**）。第 1 層は大学の環境や体制を整備し、安全な形に修正する仕組みやカリキュラムの層です。第 2 層は、学生の包括的支援を行うために関係部署や教職員間が連携することです。そして第 3 層は、学生個人の問題解決に取り組む学生支援の層です。国の対策はトップダウンで進められていますが、大学の場合は第 3 層が最前線にいるため、ボトムアップ方式で、各部署や教職員間の連携、そして仕組みやカリキュラムづくりへと進めていくのがよいと考えられます。

(3) 学生支援の 3 階層モデル

　独立行政法人日本学生支援機構学生生活部（2007）による学生支援の 3 階層モデルは、TIS モデルと同様に階層性で学生支援体制を表しています。第 1 層の**日常的学生支援**は、学習指導や研究室運営、職員の窓口対応などです。第 2 層の**制度化された学生支援**はクラス担任制度、アカデミック・アドバイザーな

9　自殺を考えている人に気づき、傾聴や専門家への紹介など適切な対応をとる役割のこと。第 4 章に後述。

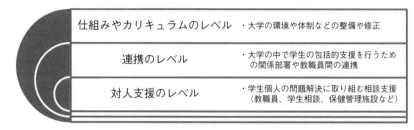

図2-5　大学における TIS モデルのイメージ

どがあります。第3層の**専門的学生支援**は学生相談、キャリア相談、学修（学習）相談、保健管理、障害支援、留学生支援などがあります。それぞれの層は、よりよく機能するために研修、情報交換、提言などを相互に行います。この点は TIS モデルの有機的連動という考え方と似ています。

　第1層は全ての大学の営みが当てはまりますが、第2層や第3層は大学の規模と体制によって学内提供は困難です。そこで、各大学において学生支援の各層に該当する支援の内容や部署はどこなのかを確認し、層の厚みをもてない部分に検討の余地があります。例えば、学内で学生相談を毎日提供することが難しい場合は、地域の相談機関も学生に情報提供する必要があると考えられます。

（4）シュナイドマンによる自殺予防

　心理学者のシュナイドマンが確立した自殺予防学では、自殺予防の取り組みを**一次予防（プリベンション）、二次予防（インターベンション）、三次予防（ポストベンション）**に分けて考えます。自殺予防研究においてこの3段階の予防は主流のフレームワークです（**表2-3**）。大学に当てはめると一次予防とは，全ての学生が自殺の危機に陥らないようにする幅広い対策です。例えば、メンタルヘルスに関する啓発活動、自殺予防のための教育などが挙げられます。二次予防は自殺のリスクが疑われる学生や、自殺の危機に陥っている学生に働きかける介入的なアプローチです。保健管理センターや学生相談室などでの専門的支援、大学内の危険区域の制限といった物理的対策、学生に対するアンケート結果からリスクの高い学生をスクリーニングして行う面談、リスクの高い学

表 2-3　大学における自殺の一次・二次・三次予防

	目的と対象	大学における施策例
一次予防	学生が自殺の危機に陥らないようにするための幅広い対策	・メンタルヘルスに関する啓発活動 ・自殺予防に特化した教育 ・大学の施設や環境に対する物理的な対策
二次予防	自殺の危機に陥っている学生に対する危機介入	・リスクのある学生のスクリーニング ・学生相談 ・学生や教職員へのゲートキーパー養成研修
三次予防	自殺未遂した学生や、遺された学生の更なる自殺を防ぐ活動	・自殺企図した学生へ医療の紹介 ・学生・教職員に対するグリーフケア

影山（2005）、太刀川（2019）をもとに筆者作成。

生に関する教職員間の情報共有や会議、ゲートキーパーとなる教職員や学生を養成する研修などが挙げられます。三次予防は、自殺企図した学生や、学生が自殺で亡くなったときに周囲にいる学生・教職員を対象に、次の自殺を防ぐために行われる活動です。自殺を試みた学生を専門的な治療につなげることや、関係者に対するグリーフケアの情報提供などが挙げられます。

　イングランドおよびウェールズと、スコットランドの慈善団体で、多くの大学が参加している Universities UK と、民間団体 PAPYRUS の定めた大学における自殺安全方略でも、プリベンション、インターベンション、ポストベンションの３つを大学の包括的なメンタルヘルス戦略の構成要素とし、大学組織のトップが合意して、行動計画に発展させる必要性が述べられています（第4章2を参照）。

(5) 大学の社会生態学的自殺予防プログラム

　Cramer et al.（2022）は、公衆衛生学の社会生態学的モデルを適用し、エビデンスが示されている研究をもとに「大学の社会生態学的自殺予防プログラム」（The University Social-Ecological Suicie Prevention Program: SESPP）を提案しました（図 2-6）。SESPP では、個人の層、人間関係の層、コミュニティの層、社会の層の４層で行う自殺予防プログラムが提案されています。

　個人の層では、個人の危険因子を減少させ自殺の危険へのコントロールを高

めるために、心理療法的アプローチ（例：マインドフルネス、弁証法的行動療法、自殺手段の制限と安全計画）や、脆弱な学生集団（例：ゲイや退役軍人）のつながりを築き、絶望感を減らすためのアウトリーチがあります。**人間関係の層**では、困っている人に対応する知識、自信、意欲の向上のためのゲートキーパー研修、加えてスキルを向上させるための専門家および専門学生向けのトレーニングが挙げられています。

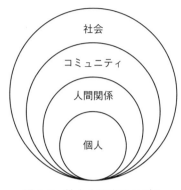

図 2-6　社会生態学的モデル

コミュニティの層では、メンタルヘルスや援助要請に対する態度や意識を変容させるための社会的規範に関するキャンペーン、そして支援が必要な学生を特定して資源へのアクセスを強化するためのメンタルヘルス、自殺、アルコールのスクリーニングが挙げられます。最後に**社会の層**では、大学構内の危機管理と安全確保のために、キャンパスの計画や指針の立案やアセスメントチームの設置が挙げられています。SESPP を取り入れる際には多文化的背景を考慮に入れ、地域をも巻き込んだ数えきれない関係者の活用が必要であるとされています。さらに、エビデンスが確立しているわけではないため、実施に伴って厳密な評価を行うことも必要となります。

　以上のように、大学で提供する専門的な学生支援は、個別的予防介入戦略や二次予防に含まれる 1 つの対策であり、大学の自殺予防対策にはそれ以外にも多くの要素、すなわち大学の指針や仕組みの整備、全ての学生を対象とした予防的な取り組み、日常的なかかわりなども重要であることが明らかとなりました。つまり、大学の自殺予防対策を効果的に実施するには、学生支援にかかわる人だけでなく全ての大学関係者がそれぞれの立場で可能な取り組みを考えて実行することです。第 2 部では、これらのフレームワークとエビデンスを組み合わせて、具体的な取り組みをどのように進めていったらよいのかを見ていきます。

引用文献

相羽美幸・太刀川弘和・Lebowitz Adam J.（2019）. 対人関係欲求尺度と身についた自殺潜在能力尺度の日本語版の作成　心理学研究, *90*(5), 473-483.

CCC マーケティング総合研究所（2022）. Under30 意識調査レポート〜 16 歳〜 29 歳の消費動向〜 2020 年版

Cramer, R. J., Rasmussen, S., & Tucker, R. P.（2019）. An examination of the Entrapment Scale: Factor structure, correlates, and implications for suicide prevention. *Psychiatry research, 282*, 112550. https://doi.org/10.1016/j.psychres.2019.112550

独立行政法人日本学生支援機構学生生活部（2007）. 大学における学生相談体制の充実方策について—「総合的な学生支援」と「専門的な学生相談」の「連携・協働」—　大学と学生, *518*, 47-54.

Gençöz, T., & Or, P.（2006）. Associated factors of suicide among university students: Importance of family environment. *Contemporary Family Therapy, 28*(2), 261-268.

飯田昭人・佐藤祐基・新川貴紀・川崎直樹（2008）. 青年期における「生きにくさ」の構造についての検討大学生への質問紙調査による KJ 法分析の結果から　人間福祉研究, *11*, 159-170.

JASSO（2022）. 令和 2 年度学生生活調査結果　https://www.jasso.go.jp/statistics/gakusei_chosa/2020.html

JASSO（2023）. 大学等における学生支援の取組状況に関する調査（令和 3 年度（2021 年度））https://www.jasso.go.jp/statistics/gakusei_torikumi/2021.html

Joiner, T.（2005）. *Why people die by suicide*. Harvard University Press.

影山隆之（2005）. 自殺者の増加をめぐる学会研究班について　こころの健康, *20*(2), 43-44.

北中淳子（2021）. 自殺の医療人類学：生きづらさへの文化的視点　精神医学, *63*(7), 1063-1072.

Klonsky, E. D., & May, A. M.（2015）. The Three-Step Theory（3ST）, A new theory of suicide rooted in the "ideation-to-action" framework. *International Journal of Cognitive Therapy, 8*(2), 114–129.　https://doi.org/10.1521/ijct.2015.8.2.114

小林雅之（2012）. 家計負担と奨学金・授業料　高等教育研究, *15*, 115-134.

小林雅之（2023）. 困窮する学生生活—新型コロナウイルス感染症拡大による大学生への経済的影響　連合総研レポート *DIO, 34*(1), 6.

厚生労働省（2023）令和 4 年賃金構造基本統計調査 結果の概況　https://www.mhlw.go.jp/toukei/itiran/roudou/chingin/kouzou/z2022/index.html

松長麻美・北村俊則（2015）. 自殺予防と精神科臨床—臨床に活かす自殺対策—I 対人関係理論に基づく自殺のリスク評価　精神科治療学, *30*(3), 333-338.

文部科学省（2023）. 学校基本調査—令和 5 年度　結果の概要—　https://www.mext.go.jp/b_menu/toukei/chousa01/kihon/kekka/k_detail/2023.htm

日本財団（2022）. 18 歳意識調査「第 46 回—国や社会に対する意識（6 カ国調査）—」報告書　https://www.nippon-foundation.or.jp/app/uploads/2022/03/new_pr_20220323_03.pdf

O'Connor, R. C., & Kirtley, O. J.（2018）. The integrated motivational-volitional model of suicidal behaviour. *Philosophical transactions of the Royal Society of London. Series*

  B, Biological sciences, 373(1754), 20170268. https://doi.org/10.1098/rstb.2017.0268

Oginyi, R. C., Mbam, O. S., Nwonyi, S. K., Ekwo, J. C., & Nwoba, M. O. (2018). Personality factors, academic stress and socio-economic status as factors in suicide ideation among undergraduates of Ebonyi State University. *Asian Social Science, 14*(9), 25-37.

Ortiz, S., Aggarwal, P., Jain, A., Singh, N., George, T. S., Smith, A., & Raval, V. V. (2023). Examining the relationship between academic expectations and suicidal ideation among college students in India using the interpersonal theory of suicide. *Archives of suicide research, 27*(4), 1163-1179.

Sandford, D. M., Thwaites, R., Kirtley, O. J., & O'Connor, R. C. (2022). Utilising the Integrated Motivational Volitional (IMV). model to guide CBT practitioners in the use of their core skills to assess, formulate and reduce suicide risk factors. *The Cognitive Behaviour Therapist, 15*, e36. https://doi.org/10.1017/S1754470X22000344

佐藤美輪・小形美樹（2020）.短期大学生の奨学金利用状況と将来予測の傾向　研究紀要 青葉, *11*(2), 81-90.

太刀川弘和（2019）.つながりからみた自殺予防　人文書院.

WHO（2014）.独立行政法人国立精神・神経医療研究センター精神保健研究所自殺予防総合対策センター（訳）自殺を予防する　世界の優先課題

Yang, L., Liu, X., Chen, W., & Li, L. (2019). A Test of the Three-Step Theory of Suicide among Chinese People: A Study Based on the Ideation-to-Action Framework. Archives of suicide research : official journal of the International Academy for Suicide Research, *23*(4), 648-661. https://doi.org/10.1080/13811118.2018.1497563

山﨑勇・金井美保子・山岡俊英・森光晃子・山﨑暁・高橋徹・高橋知音・森田洋（2022）.大学生の自殺事例の分析―信州大学と他大学との比較―　CAMPUS HEALTH, *59*(2), 50-56.

大学における
自殺予防対策と
エビデンス

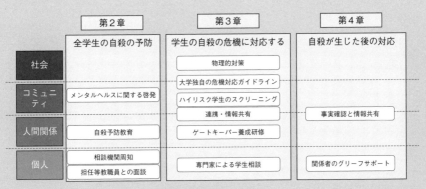

	第2章	第3章	第4章
	全学生の自殺の予防	学生の自殺の危機に対応する	自殺が生じた後の対応
社会		物理的対策	
コミュニティ	メンタルヘルスに関する啓発	大学独自の危機対応ガイドライン	
		ハイリスク学生のスクリーニング	事実確認と情報共有
		連携・情報共有	
人間関係	自殺予防教育	ゲートキーパー養成研修	
個人	相談機関周知	専門家による学生相談	関係者のグリーフサポート
	担任等教職員との面談		

第2部のイメージ

大学の自殺予防対策はなぜ必要か──実践とエビデンス

(1) 効果の示唆されるアプローチ

■ 自殺念慮と自殺企図を防ぐ

　先述してきたように自殺を社会の問題として捉えるなら、自殺予防対策は学生の相談を促す以外にも、やるべきことがあります。Cecchin et al.（2022）は大学の自殺予防に関するレビュー論文8編をレビューし、大学で実施されている、心理教育、ゲートキーパートレーニング、スクリーニング、致死的手段の制限、複合的なアプローチ（上記のプログラム同士や治療、カウンセリングなどとの組み合わせ）の5種類について有効性を調べました。その結果、複合的なアプローチは最もコストがかかるものの、自殺既遂の減少や自殺念慮の低下、援助要請行動の促進、学生の成績向上などが報告されており、自殺予防における最善策であると結論づけています。

　様々な取り組みを組み合わせて行うアプローチが自殺予防に効果的であるのは、国内外の共通見解といえます（Hofstra et al., 2020）。日本でも太刀川他（2017）が実施した系統的レビューがあります。適格基準を満たした論文のうち、学生の自殺率や自殺既遂件数の減少という成果が見られたのは、教員への啓発と研修会（児玉他, 1997）、スクリーニングと医療的な支援（澁谷他, 2014）、相談窓口設置や既遂者の情報の解析、及び学生と教職員に対する教育研修を組み合わせたアプローチ（齋藤他, 2015）の3編でした。

　SESPP（大学の社会生態学的自殺予防プログラム）を提案している Cramer et al.（2022）も、カウンセリングセンターに依存してきた大学の自殺予防体制を「深い傷に絆創膏を貼るようなもの」と批判し、公衆衛生上のアプローチを行う重要性を強調しました。複数の取り組みを実施すればそれだけ自殺予防に与える効果量も大きくなり、自殺の危機を抱える個人を対象とした取り組み（例：スクリーニング、致死的手段の制限、治療、カウンセリングの提供）だけでなく、集団を対象とした取り組み（例：学生への心理教育、ゲートキーパー養成、学生や教職員への教育研修）を組み合わせることは特に重要です。

■ ポストベンションと遺族支援

　大学におけるポストベンションの具体的な内容としては、自殺の影響を受けた人の深刻な影響に対するケア（心理教育、相談への紹介、カウンセリングなど）、模倣を防ぐために自死で亡くなった人を美化しないこと、故人を理解し大学の危機対応を評価するための心理学的剖検、詳細な危機対応計画を立てておくことが含まれます（Westefeld et al., 2006）。しかし、死別による影響を示した研究の蓄積がある一方で、ポストベンションの自殺予防に対する有効性を示すエビデンスは、現代においても乏しいことが示されています（Allie et al., 2023）。そのため、自殺のポストベンションは理論的な妥当性や当事者のニーズに応じて考える必要があるといえます。先に挙げたものに加え、死別による様々な反応・症状への対応、大学における危機対応のための教職員に対する訓練など、ポストベンションでも公衆衛生的なアプローチは望ましいと考えられています（Andriessen et al., 2019）。

■ 自殺予防対策の効果検証

　ここで自殺予防対策の「効果」の考え方について言及しておきます。新しい取り組みを導入するときに、その効果をプレゼンテーションすることは重要ですが、自殺予防対策の効果検証は難しい課題の1つです。介入の効果を証明するには、統制群を設けたランダム化比較試験が最も強い根拠となりますが、大学では個人に対する相談支援や危機介入は、統制群を設けにくく単群研究になりやすい問題があります。また、主要な成果指標は集団の自殺率の低下や自殺者数の減少であるため、サイズの大きい集団で確かめることが必要です。しかしある大学では全く自殺が起きないこともあるため、対策に取り組んで単一の大学の自殺者数が0名から0名を推移していることを見て、効果が確かめられた、ということはできません。

　そこで中間的な指標として、個人が申告する自殺念慮や自殺リスクの低下、個人や環境の自殺の危険因子や保護因子の変化（例として抑うつの低下、援助要請行動の増加）、さらに助け合うための知識や自信、スキルの変化などが使用されます。「確実に自殺が減らせる」「自殺が生じなくなる」かどうかではなく、

自殺の危険因子や自殺のプロセスのどこに寄与するのか、という視点で効果を考えるのが定石といえます。

(2) 日本の大学における自殺予防対策の実施状況

　複合的で公衆衛生アプローチをとった自殺対策を実施する、というスタート地点をおさえることができました。この地点は全国の現在地からどのくらい離れているのでしょうか。2020年度に実施された全国大学の自殺対策実施状況調査の内容を確認しましょう。

　全国の国公私立大学（国立86校、公私立1,031校）を対象に行われ、回答が得られた大学（国立86校、公私立734校）のうち、自殺対策を実施していると報告したのは合計508校（62.0%）でした。設置者別では国立69校（回答数の80.2%）、公私立439校（59.8%）であり、国立と公私立では対策の実施率に2割以上の差が開いています。

　対策の実施率と相互に関連する要因として、自殺の発生と大学規模が挙げられます。2020年度に学生の自殺が発生していた大学は全体で174校（21.2%）でしたが、データに基づいて在学生数から大学を小規模校（1,000人未満）、中規模校（1,000〜4,999人）、大規模校（5,000人以上）に分けると、小規模校での自殺の発生率は2.2%であったのに対して、中規模校では19.3%、大規模校ではなんと66.9%の大学で発生していました。それに応じる形で、対策実施率も小規模校が53.5%、中規模校が66.2%、大規模校が74.7%となっており、学生数が多い大学のほうが高い割合で自殺が発生し、自殺対策も実施しているということが分かります。すなわち、学生数が多いほどまれな現象である自殺が発生する確率は高くなり、そうして対策のニーズを切に感じている大学ほど実際に自殺対策に取り組んでいる、と推測されます。

　次に自殺対策の実施内容です。自由記述を基に分類された14カテゴリを**図示**しています。国立大学と公私立大学で記述の該当数が異なっており、ここではよく行われている対策を示すために、該当数の多さを順位で示しました。国立大学や公私立大学の多くが相談窓口を提供し、その存在を周知したりメンタルヘルスに関する啓発を行ったりしています。またピア・サポーターの活用や保護者対象の取り組み、ポストベンション、物理的対策といった取り組みが他

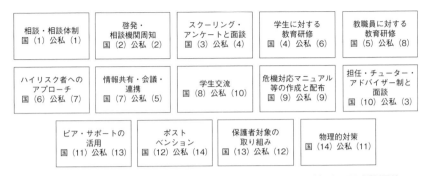

図　2020 年度に実施されていた自殺対策の分類と設置主体別の記述数順位
国立 69 校、公私立 439 校の自由記述をもとに分類。（　）数字が取り組み数の順位を示す。「その他」
は除く。

の対策と比べて少ない点は共通しています。

　国立大学と公私立大学で順位が大きく異なるのは、担任やチューター・アドバイザー制の位置づけで、国立大学では 10 位とマイナーな取り組みである一方で、公私立大学では 3 位と自殺予防における一般教員の役割の大きさが推察されます。しかし公私立大学は教職員に対する教育研修の実施が 8 位と低いため、学生の自殺予防に関する理解を深める機会のないまま、教員が学生対応や支援を担わなければならない現状が浮き彫りとなっています。

　さらに、大学の記述内容から個数と種類数を算出し、大学でどの程度自殺対策が複合的に行われているかをデータから確認しました。例えば「精神科医の配置」「カウンセラーの配置」と 2 個に分けて対策が記述されていた場合は、取り組みは 2 個、種類は「相談・相談体制」のみの 1 種類として計上されます。すると、自殺対策を実施している国立大学では平均 3.2 個（最大 15 個）、平均 2.5 種類（最大 9 種類）の取り組みが、公私立大学では平均 2.3 個（最大 18 個）、平均 1.9 種類（最大 12 種類）の取り組みが記述されていました。

　少なくとも 14 種類の多様な自殺対策があり、実施している大学では最大 10 種類前後の取り組みを単年度で実施しているため、これらの結果は各大学の自殺対策にまだまだ発展の兆しがあることを意味しています。具体的には、①自殺対策を実施していない大学（特に大規模大学）が対策を始めること、②自殺対策を 1 つしか実施していない大学が取り組みを増やすこと、③自殺対策を 1

種類しか実施していない大学が取り組みの種類を増やすこと、そして④それぞれの取り組みを効果的なものにすること、というステップをふんでいくことがこれからの目標となるでしょう。

(3) 第 2 部の概要

　次章からは予防のフレームワークに従い、第 3 章では全学生の現在から将来的な自殺を防ぐための取り組み、第 4 章では自殺リスクのある学生の自殺の危機に対応するための取り組み、第 5 章では自殺が生じた後の危機に対応する取り組みに分けて解説します。取り上げるのは、実際に各大学で行われている事例があり、推進したい 12 種類です。SESPP（Cramer et al., 2022）を基に社会、コミュニティ、人間関係、個人の 4 層に分けた各章と取り組みの位置づけを図示すると（**第 2 部扉図**）、概ね偏りなく配置できていることが分かります。

　それぞれの取り組みをどの順番で始め、どの取り組みを重点的に行うべきなのかは、大学環境や学生の状況によって検討する必要があります。自殺予防対策に全く取り組んだことのない大学は、経験上、第 4 章の教職員に対するゲートキーパー養成研修が企画しやすいと思います。研修企画は問題意識を共有する一部の合意形成を行えば、学内で開催にこぎつけやすいためです。自殺既遂が生じたことのある大学は、第 5 章の「組織的な対応」（154 ページ）を確認ください。また全学生の自殺を防ぐ取り組みは、元来自殺対策の目的で実施していなかったものを自殺予防の文脈に位置づけ、拡張できる場合があります。一方で全学生が対象になるため、全学的な合意形成も必要です。合意形成を含む自殺対策の始め方については、個人の視点に立つ第 6 章も併せてご覧ください。

大学における自殺対策ロードマップ

　大学や学生の置かれている状況を把握し、自殺対策の小中期目標を設定し、現在行われている対策は何か、今後行うべき対策は何か、そしてそのために活用できる学内外のリソースには何があるのかを書き込んで整理しましょう。

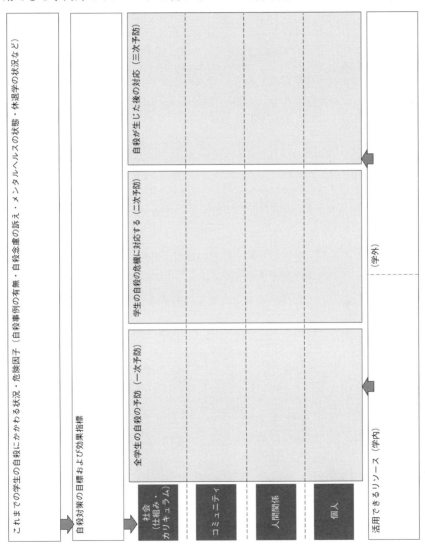

第3章

全学生の自殺を防ぐ取り組み

　この章では、全学生の将来にわたる自殺の危機を予防する取り組みとして、メンタルヘルスに関する啓発、自殺予防教育、相談機関の周知、クラス担任など教員との面談の4つの対策を解説します。

　これらの取り組みは、自殺の危険因子を有しているかどうかにかかわらず、大学に在学する全ての学生が対象となり、ポピュレーションアプローチとも呼ばれます。このアプローチに関係のない学生はいないため、教職員や支援者だけでなく学生自身が取り組むことができます。例として、図3-1は修士課程の院生だったときに仲間たちと制作した啓発パンフレット『re+ 学生生活で悩んだ時に読む本』の一部です。広く学生に届ける代わりに、学生一人にかけられるエネルギーはあまり強くありませんし、学生の印象に残らないこともあります。したがって、一度きりではなく同じ対象集団に何度も繰り返すことで、自殺予防の効果を発揮します。

図 3-1　学生時代に仲間たちと制作した啓発パンフレットの表紙と目次
https://researchmap.jp/asumi03takahashi/works/25049303 からダウンロード可能

1　メンタルヘルスや自殺予防に関する啓発活動

(1) 啓発活動の目的

　啓発活動は幅広い学生を対象とし、自分や他者のメンタルヘルス、そして自殺予防に関する理解を深めることによって、心の問題への対処や援助要請を促進し、精神疾患や自殺の偏見、スティグマを低下することを目的とします。啓発活動の例として、学生相談に対応する組織がセルフケアに関する情報発信を行っている大学は 37.9 %（国立 48.2 %、公立 30.9 %、私立 37.5 %）、短大では 26.3 %あり（JASSO, 2023）、全体として決して多くはないものの、大学が取り組みやすい自殺対策の1つと考えられます。名古屋市では「こころの絆創膏」の啓発資料を駅で配布し、配布頻度の高さと中年男性の自殺者数の減少に関連を見出しており、啓発活動が自殺予防に貢献することが示唆されています（Matsubayashi et al, 2014）。

　啓発の目的を包括して表す有用な概念にメンタルヘルス・リテラシー（Mental Health Literacy: MHL）があります。MHL は、メンタルヘルスのために行動する可能性に結びつく心の問題の認識、対処、予防に関する知識や信念を意味し、次のような構成要素が含まれています（Jorm et al., 1997; Jorm, 2012）。

　①特定の精神疾患を認識できる能力

　②精神疾患の発症にかかわる危険因子や要因に関する知識

　③効果的な自己援助に関する知識や信念

　④利用できる専門的な援助に関する知識や信念

　⑤問題の認識と適切な援助要請を促進する態度

　⑥メンタルヘルスの情報を求める方法に関する知識

　MHL の向上には MHL 教育のような教育的アプローチがありますが、本節では授業や教育ではなく啓発的アプローチで向上を目指す方法に焦点を当てます。

　啓発活動は大学で広く行われるキャンペーンの性質ももちます。継続的な啓発キャンペーンによって精神疾患や自殺に関するコミュニティの考え方そのものに変容をもたらし、自殺予防に効果的なキャンパス風土をつくります。このような取り組みが長期的に学生の自殺の危険因子を減らし、保護因子を醸成す

表 3-1　U Bring Change 2 Mind（UBC2M）の 5 つの一般原則

一般原則	例
対象集団を絞り、メッセージを明確にする	一般的な人口ではなく、変化にオープンで、潜在的なリーダーとなる可能性のある集団を対象とする
「コミュニティの」リーダーを選び、リソースを提供する	制度化されたプログラム、特に強制された場合は、効果があまり望めない可能性がある
既知の非効果的なアプローチを避ける	効果的なアンチ・スティグマ介入に関する研究をプログラムの基礎とする
既存のリソースを活用する	メンタルヘルス関連の組織間での連携への消極的な在り方、プログラムを「所有する」という典型的な伝統は避ける
変化を組み込む	コミュニティが社会変化を経験する中で効果を持続するには、柔軟性が必要

Pescosolido et al., 2020、Table1 の一部を筆者翻訳。

ることになります。

　2 つの具体例を見てみましょう。まずアメリカの州立インディアナ大学のブルーミントンキャンパスを拠点とする学生中心の団体、U Bring Change 2 Mind（UBC2M）[10] は、大学のキャンパス全体でメンタルヘルスの問題へのスティグマをなくすために積極的な啓発を行っています。UBC2M は科学的根拠に基づいた 5 つの一般原則（**表 3-1**）に基づいて設立されました（Pescosolido et al., 2020）。

　UBC2M は学内の多様なスティグマに立ち向かうべく、アート・プロジェクト、ファッションショー、コンテスト、学術イベント、ストレス解消イベント、講演会など、学生主導の多種多様なイベントを試験的に実施しています。これらの活動に関してインディアナ大学で、4 年間の大規模な効果検証研究が行われました（Pescosolido et al., 2020）。1 年目に倫理審査や大学の許可を得るといった準備を行い、2 年目に全ての在学生 7,376 名を対象に、ベースラインとなるオンライン調査への参加をオリエンテーションで案内しました。44.6 ％

10　俳優の Glenn Close が創設した非営利団体 BC2M を親組織とする。

の学生から同意を得て、アンケートに回答した学生には学生がデザインした UBC2M の記念品の入ったスワッグ・バッグが配られました。この間に UBC2M は様々なイベントを実施しています。4 年目の追跡調査には 1,832 名が回答し、最終的に 1,193 名が分析対象となりました。分析の結果、ベースラインから 2 年後にメンタルヘルスの問題に対する一般的な偏見や大学固有の偏見など全ての指標で改善が見られ、特に学生が UBC2M のイベント 4 つ以上に積極的に参加している場合に顕著な偏見の減少がみられました。

　また Silk et al.（2017）は大学カウンセリングセンター（UCC）の利用を促すために、キャンパスの学寮のある 2 地区で約 3 ヵ月かけて準実験を行いました。2 つの記述的な規範メッセージ（「大学生の 2/3 は、もし友人が支援を必要としていると考えたら、友人を UCC に行くように言うでしょう」「大学生の 72 ％は、ストレスや抑うつに圧倒されていると感じたら助けを求めるでしょう」）を使って、ピアもしくは学内の有名人（ここでは成功したバスケットボールチームとコーチ）の画像を含むポスターが、キャンペーンポスターのない対照地区と比べてどう機能するかを調べました。ポスターの他には卓上ポップ、メールやデジタルサイン（この 2 つのみ地区によらない条件）も使われました。学食で 391 人の学生を対象に調査を行った結果、ピアの画像を用いた介入地区の学生が、友人に UCC を紹介するという規範意識が高いことが示されました。また、UCC のデータからは介入地区の学生のほうが実際に UCC に訪れていました。このように学生や教職員が協働し、大学全体の文化に働きかけるような形での継続的な啓発は、キャンパス全体に潜在する心の問題や援助要請に対する偏見や意図を変容させる効果をもたらす可能性があります。

（2）啓発方法を検討する

　次に、啓発手段を手がかりにして 1 つの大学でも実施可能な啓発を考えてみましょう。実際に大学で実施されている啓発活動はイベント型、配信型、配布型、掲示型の 4 つに分類できます。それぞれ実施側や学生側の利点（○）や課題（△）、効果測定指標について **表 3-2** に整理しました。

表 3-2　啓発活動の類型と概要

	A. イベント型	B. 配信型	C. 配布型	D. 掲示型
内容例	・自殺の問題に関する思考や対話を促す ・サポートの仕方を学ぶ ・心について表現する	・当事者へのインタビュー映像 ・セルフケアを促すコラム ・相談窓口の情報	・メンタルヘルスの知識 ・ゲートキーパーの知識や方法 ・相談窓口の情報	・相談窓口の情報 ・スローガン ・啓発週間・月間
具体例	・展示 ・講演会 ・映画上映会 ・シンポジウム ・演劇	・文章 ・画像 ・動画 ・アプリケーション ・URL	・広報誌 ・パンフレット ・リーフレット ・カード・ステッカー ・文房具や缶バッジ	・ポスター ・ステッカー ・看板 ・卓上ポップ ・電子掲示板
実施機会	・学園祭 ・放課後	・随時、適度な頻度で ・大学ホームページ、学習管理システム、SNS、メール	・入学時、新学期オリエンテーション ・学生が出入りする建物の入り口に配置	・随時 ・掲示板、廊下、教室、食堂、トイレのドアなど
実施側	○インパクト大 △実施コスト △参加は限定的	○広範囲に周知 ○情報量が多い △関心層は限定的	○手渡し可 △開発・作成コスト	○常時掲載
学生目線	○印象・つながり ○楽しさ △参加のハードル	○アクセスしやすい △情報に埋もれる	○携帯可 ○情報を得やすい △不要な場合は捨てる	○記憶に残る △見逃す
効果測定	参加者数 参加者アンケート	表示・閲覧数 クリック数 ダウンロード数	配布部数 開発時のヒアリング	アンケートなどに誘導しないと困難

■ イベント型

　イベントは、知識や情報というより体験を提供するものであり、参加者の感情に訴えたり記憶に残ったりしやすいため、態度変容につながる可能性の高い方法です。イベントの中で学生同士の交流機会を創出できれば、学内の孤立を防ぐ新たなつながりも期待できます。準備にも当日にもコストはかかりますが、アンケートやヒアリングによる効果測定も実施しやすいのが利点です。難点は、啓発の対象としたい非関心層の参加を促しにくいことです。UBC2M の

明らかにした一般原則にもあるように、ターゲットとなる集団をある程度絞り、元々関心やニーズをもっている層にはたらきかけて、非参加の学生への波及を目標とするのがよいと考えられます。

Gerlach & Greene（2022）の報告した啓発イベントもユニークです。この研究では、アメリカ南部のヒスパニック系の中規模大学で、参加型アート・プロジェクトを実施しました。具体的には、大学図書館の中に、参加者がアクセスしやすく注目しやすい展示スペースと画材を用意し、参加者にメンタルヘルスや自殺に関するアートを表現してもらうというプロジェクトです。展示スペースには、先に美術学生に依頼して、メンタルヘルスをテーマにした写真、絵画、図面など 12 作品が展示されていました。参加者はスペースに配置されたポスターパネルや発泡スチロールボードに、絵を描いたり文字を書いたり、ステンシルを作成しました。著者らはこのプロジェクトで描かれたアートの定性的な分析を通して、キャンパスでメンタルヘルスと自殺に関する会話が許容され、スティグマの減少につながるメッセージの提供につながった、と考察します。学生は、大学の中で活発に啓発イベントが開催されていることを認識すれば、大学がこれらの話題をタブー視せずオープンな態度での対話を推奨している、というメッセージを受けとり、その空気を内在化し、態度を積極的に学んでいくでしょう。

■ 配信型

主に視覚を用いて情報を伝える啓発方法です。その中でも聴覚情報が加わる動画を用いた配信型の啓発は、実際には体験が難しい内容のイメージや当事者の声を知るのに役立ちます。大学ホームページや SNS などオンラインだけでなくキャンパス内の電光掲示板に映すなど、視聴機会も自然と広げられる利点があります。最近、啓発を目的として開催された「いのち支える動画コンテスト 2023」[11] では、高校生・学生が絵コンテを考えて受賞した 4 作品が動画化され、YouTube で公開されています。

公開情報であれば所属大学にかかわらず多くの学生にとって有用です。例え

11　JSCP 主催のコンテスト。動画の詳細は https://jscp.or.jp/action/movie-contest-prize.html を参照のこと。

ば九州大学キャンパスライフ・健康支援センターは、「セルフケア」ページ（https://www.chc.kyushu-u.ac.jp/~webpage/sp/publication/self-care.html） を公開するとともに、大学生メンタルヘルス支援アプリ『Q-Mental APP』を開発しています。アプリは他大学の学生も利用できます。

　動画以外の方法も、時間や場所を選ばず柔軟に配信でき、読み上げ機能やページ翻訳の活用によって多様な学生に届けられるため、ますます主流になっていくと予想されます。課題は、情報を送りやすい分、受信者に情報を無視されやすい点です。送信者は配信範囲の広さや数に対してアクセスやインプレッションがどのくらいかアクセス解析をして、配信に対する量的な効果測定を積極的に行いましょう。

■ 配布型

　続いて配布型は、日本の自殺予防の啓発でも頻繁に行われてきた方法です。厚生労働省の発行する「誰でもゲートキーパー手帳」は、ホームページ（https://www.mhlw.go.jp/mamorouyokokoro/gatekeeper/techo/） から印刷が可能です。ゲートキーパー養成研修の際にはゲートキーパーバッジや、情報を掲載したクリアファイルなど、グッズを配布する自治体もありますし、相談先の情報が記された名刺サイズのカードを作成している相談窓口も多いと思います。また、携帯性に優れるリーフレットやパンフレットは、雑誌のような読み物や、単的に情報にアクセスできるノートのような役割を果たすのに向いています。学生相談機関は、予防・啓発活動としてリーフレットを57.1 ％の大学/39.7 ％の短大、ガイドブックを12.1 ％の大学/3.2 ％の短大が配布していました（杉江他. 2022）。

　配布型は、既存の物を用意して配布できる点では手軽で、配信型よりも配布先のコントロールがしやすいのも利点の１つです。物理的な形として残しておける点から、他の啓発方法とは異なる「お守り」の役割も期待できるでしょう。一方で、開発や作成に資金が必要なのと、配布した後に学生が実際にどのように活用しているかを追い切れない難しさがあります。中間的な成果指標は配布数ですが、実際に手に取ってみてどうだったか学生に訊いたりアンケートフォームに飛べる QR コードなどを載せたりして、読者の声を集める工夫が必

要です。

■ 掲示型

　最後に掲示型です。これは相談機関のアクセス方法の周知（次節も参照）、標語やスローガンの周知などに活用される方法です。自殺予防に関しては駅や街中の建物、電車など公共の場所でも、相談窓口のポスターやステッカーをよく見かけるようになりました。また世界自殺予防デー（9 月 10 日）、自殺対策基本法が定める自殺予防週間（9 月 10 〜 16 日）、自殺対策強化月間（3 月）の存在を知らしめるポスターも、厚生労働省によって毎年発表されています。先述した Silk et al.（2017）は、ポスターが意外と学生の記憶に残ることを示唆しています。UBC2M の活動からは、メンタルヘルスに取り組む団体のロゴマークを学内で受動的にでも見かけることの啓発効果も示唆されている（Pescosolido et al., 2020）ため、メンタルヘルスにフレンドリーなロゴマークやマスコットキャラクターをつくり、ポスターやステッカーを学内に貼って普及させていくのもよいかもしれません。

(3) 啓発活動でできる工夫のヒント

■ ARCS モデル

　自分好みの情報だけが得やすくなった情報社会の中で、啓発内容が埋没せずに学生に届きやすくするための工夫が必要です。マーケティングやコミュニケーションの理論などを活かすことができますが、関心のない人を動機づけるためにケラーが提唱した ARCS モデルは分かりやすく、啓発にも援用できる可能性があります。ARCS モデルは、授業や教材を魅力的なものにするための枠組みや方策を考える教育工学のモデルで、注意（Attention）、関連性（Relevance）、自信（Confidence）、満足感（Satisfaction）の頭文字をとります（Keller, 1987）。A と R だけでも啓発の際に意識したい点です。

　A は学生の注意の引き方で、楽しそう、面白そうという知覚的な喚起、疑問や驚きの喚起、メリハリなどの変化性を組み合わせる方法があります。イベント型では、参加すると楽しそうだと思ってもらえるような仕掛けや宣伝の工

夫、配信型は配信タイトルから好奇心を喚起して詳細を確認したいと思ってもらえるような工夫、掲示型では学内の意外な場所にポスターを掲示したり、配信型や配布型を組み合せて行うといった工夫などに活かすことができそうです。

　Rは自分にも関連があると思ってもらう工夫です。直接的に誰に届けたいものなのか呼びかけるメッセージを入れたり、ターゲット自身が「自分のことだ」と目に留められるような言葉、視覚的イメージを含めたりすることです。メンタルヘルスの啓発は、概して元気な人には「今の自分に不要・無関係」と切り捨てやすい情報です。学生自身と情報の間をつなぐような関連性をもたせるためには、同じ立場にある学生に協力を得て啓発活動に参加してもらうことが最も有用と考えられます。

■ ヘルシーキャンパス宣言

　公益社団法人全国大学保健管理協会は、大学から健康文化を社会へ広く発信していく取り組みを「ヘルシーキャンパス」と称し、その理念を次のような宣言としてまとめました。

1. 健康に関する教育を進めると共に、大学の様々な活動に「健康」というコンセプトを取り入れます。
2. 「健康づくり」のラボ、知の拠点として研究を進めると共に、健康増進の新しい取り組みを実践します。
3. 対話を通じて「健康」を考え、大切にする文化を社会に発信し広げていきます。

　ヘルシーキャンパス宣言は京都大学を皮切りに、現在は保健管理協会と9大学が宣言し、各大学にも参加や宣言を呼び掛けています。この宣言は、学生の心身の健康を掲げるものであるため、健康やウェルビーイングを目指す包括的な取り組みの中に心の問題や自殺予防を位置づけることができ、明るいイメージで、オープンな風土をつくるのに役立つと考えられます。

(4) 啓発の課題

　啓発は、残念ながら日本の大学では効果検証が遅れている取り組みの1つであるため、UBC2M や Silk et al.（2017）ような啓発の効果検証を、国立大学な

どを中心に進める必要があります。啓発活動では、全員を自殺予防の対象とするために、個々の受け取り方を予測して制御できない点が課題として挙げられます。イベント型以外の啓発方法は一方向のコミュニケーションであり、自殺を全く考えたことのない学生から、今深刻に自殺を考えている学生にまで情報やメッセージが届けられます。そのため、ある一定層に響くメッセージでも、他の層の学生には否定的なメッセージとして伝わるといった歪みが生じるリスクがあります。また、「自殺予防」の文言に自死遺族は傷ついたり違和感を覚えたりすることもあります。したがって、広く啓発する前に異なる視点をもつ第三者、学生、自死遺族など、複数人に意見をもらう機会を必ず用意しましょう。同様に、学内で配布していた資料をもっと拡散力のある配信に切り替えるときなどフィールドが変わる際には、言葉遣いや表現を変える必要がないか点検する必要があるでしょう。このような啓発の限界と課題を踏まえて、適宜、学生の反応をうかがいながら見直しを図ることが大切です。

メンタルヘルスの啓発活動 ● まとめ

- 個人のメンタルヘルス・リテラシーの向上、および、心の問題に関するオープンなキャンパス風土をつくることを目指す
- 全ての学生にメンタルヘルスに関する情報を届け、潜在的に関心やニーズをもつ学生層のにはたらきかける
- 体験を提供するイベントによる啓発と、視聴覚で情報を伝える配信、配布、掲示型による啓発方法の長短を踏まえて使い分ける
- 効果検証が不十分なため、学生のフィードバックを受けながら活動を見直していく

2　相談窓口を周知する

(1) 周知の目的

あらゆる学生のために、メンタルヘルスに限らない様々な相談窓口を事前に案内し、必要なときに相談に促すための活動です。啓発活動と重なる部分もありますが、直接的に相談窓口の利用を促す目的を含むため、1つの取り組みと

して独立させました。全ての学生を対象とするのは、不調が生じて援助要請しにくくなるよりも前に知っておいたほうがよいためです。

　深刻な悩みを抱えるほど援助を求めようとする意図が低下することが示唆されており（末木, 2011）、問題に行き詰まってからでは却って、自分の状況に適した相談窓口を調べたり、選択肢として思いついたりできない可能性があります。また大学には、保健（管理）センターや保健室、学生相談室、障害支援、留学生支援、学習支援、就職支援、ハラスメント相談などの特定の領域に関する支援施設、さらに修学状況、奨学金について相談する事務課、ワンストップで相談対応を可能とする総合相談窓口など、相談できる窓口が多種多様に存在します。メニューに掲載されていない料理が注文の選択肢に上らないように、それぞれの相談窓口の存在を事前に知ってもらい、学生のとりうる選択肢を増やすことが重要です。

　また、どの学生がいつ困難を抱えて援助が必要になるのかは本人でさえも予想できないため、窓口を将来的に使う可能性があるのは全ての学生です。さらに、困難を抱え危機に直面した本人だけでなく、周囲の友人や教員が相談窓口を知っていることで、必要な学生が相談窓口につながる可能性が高まります。人からの勧めが相談機関の選択肢を浮上させるとともに（高野, 2015）、重要な他者の勧めや他者の期待に応えようとする「主観的規範」は、人の健康行動を促す１つの要因とされています（Ajzen, 1991）。一般成人を対象とした調査では、精神的な不調を抱えたときに周囲からの勧めという主観的規範が、医療機関やカウンセリングを利用した主な動機であったことが示されています（平井他, 2019）。したがって、相談窓口の周知は、二次予防への橋渡しとして非常に重要な意味をもつ一次予防であるといえます。

(2) 学内の相談・支援窓口を周知する

　まずは学内の相談・支援窓口を周知する場合についてです。ほとんどの大学には学生を支援する組織や学生相談の対応部署がある一方で、来談率や利用率は領域によっては、在学生数に対して数％のこともあります。学生相談機関を対象とした調査（杉江他, 2022）では、大学473校の学生来談率（来談学生実数÷対象在籍学生数× 100）の平均は 4.4 ％、短大63校では 7.4 ％で、学生数が多

い学校ほど来談率は低い傾向が示されています（1,000人未満7.3％〜1万1人以上2.3％）。筆者は4,000人規模の私立大学のラーニング・コモンズで学習支援窓口を担当していましたが、1年に1回でも個別の学習相談を利用した学生は在学生数の1.3％しかいませんでした（髙橋，2023）。

　利用のない学生はそもそも問題を有していないか、自分自身で対処できたり、身近な相手や学外の医療機関などに相談できていたりする可能性もあります。しかし、大学の約9割が悩みを抱えていながら相談に来ない学生への対応を課題に感じている背景（JASSO, 2023）や、自殺念慮を経験している学生の多さを念頭に置くと、必要な学生が大学の相談につながる確率を上げるには、平均学生来談率をもう少し高める必要があるでしょう。

　相談窓口の利用促進に関しては、学生相談における援助要請の心理学的知見が非常に多く蓄積されています。援助要請を抑制する要因は様々あるにせよ、まずはその存在、場所、開室日時を知っていることが学生相談への来談意思に関連する（伊藤，2006）という結果をふまえ、どの相談窓口も学生に認知を広める、という最初のハードルを乗り越えなければなりません。その上で、サービスであれば事前に知っておきたい情報——そこでは何に関して誰に相談でき、その結果どうなるのか——を学生がイメージできるようになるための取り組みが必要です。高野（2015）は、学生相談機関を利用した学生を対象とした質的研究を行った結果、学生が困った状況に気づいてから、問題への行きづまり感が高まり、それと並行して学生相談機関の選択肢が浮上して、利用を検討するというプロセスを示しました。そして、学生に相談の選択肢を浮上させ、行ってみようと思ってもらうためには、学生相談機関の周知とイメージ向上のための活動や情報提供が必要であるといいます。これらの知見を踏まえて、具体的な活動や情報提供を考えてみます。

■ 認知度の向上

　学生相談室の認知度に関する報告をみると、対象者数や属性によって結果はまちまちですが、存在の認知率は学生の3〜7割程度ですが、場所の認知率は1〜4割程度に落ち込んでしまいます（木村・松田，2010; 小池他，2010; 佐藤他，2015; 濱田他，2016; 橋本・小室，2016; 大杉，2021）。

　各大学が行っている周知は、物か人を活用した方法の2種類あります。物を使った周知は、大学ホームページに情報を掲載する、新入生のオリエンテーション時にパンフレットやリーフレット、グッズなどを配布する、学内にポスターを掲示するなどの方法です。これは窓口の種類にかかわらず、多くの大学で行われています。例として、障害学生の相談受付窓口をもつ大学・短大のうち、要覧、パンフレット、ホームページなどで窓口を周知している大学は85.8％、短大は76.7％（JASSO, 2022）、また、学生相談機関の利用促進のためにパンフレットを用いている大学は75.9％、短大58.7％、ポスターを用いている大学は63.2％、短大50.8％、ウェブサイトを用いている大学は69.1％、短大30.2％となっています（杉江他, 2022）。

　しかし、物に任せる周知方法は認知度を高めるのにあまり貢献しない可能性があります。大阪府立大学の1年生を対象とした調査では7種類の学内支援体制の認知率が1〜3割程度と低く、認知率の低さが利用率の低さにつながっていると考察されていますが、支援体制の周知方法は、新入生オリエンテーション以外、冊子の配布、ポータルサイト、SNSなど物を介した方法が中心であることがうかがえます（加藤他, 2018）。

　一方で、学生相談を認知している学生が知り得た経路をみると、やはりオリエンテーションやガイダンス、授業中のアナウンスなど、人が知らせる方法が多いです（橋本・小室, 2016; 濱田他, 2016; 高野, 2015）。入学当初は情報の洪水の中から、履修のように直近で必要な情報を取捨選択するため、オリエンテーションで案内しても一部の学生にしか認識してもらえない可能性があります。初っ端のオリエンテーションでは実際に相談支援を担当している「中の人」が教室に直接出向き、顔を知ってもらったり、実際にキャンパスツアーをして印象に残るぐらいの時間をとったほうがよいでしょう。また学生生活に慣れてきた頃には、学生全体に向けられた案内や情報に注意が向くことも少なくなりますので、授業の内容と絡めて伝えたり、集団サイズが小さいときに案内するとよいかもしれません。学生相談ガイダンスの実施状況は大学69.6％、短大77.8％であり（杉江他, 2022）、実施率を上げる余地が残されています。

■ イメージの向上や対象者の拡大

　学生相談機関のイメージと来談意思の関連を調べた伊藤（2006）によれば、学生相談機関への来談を促すには、対象によってアプローチが異なります。具体的には、オリエンテーションや継続的な広報活動の中で、1年生の男女と2〜4年生の男子には、相談機関が有益であるというイメージを強化し、問題が重篤になる前に来談するようなはたらきかけを、2〜4年生の女子に対してはネガティブイメージを払拭するために相談機関の対応や不利益がないことを伝え、問題が重篤になっても利用できることをアピールすることが提案されています。また、イメージ向上のためには学生相談活動に限らず、学内の相談支援窓口について、次のような具体的な情報提供が必要と考えられます（高野, 2015; 木村, 2017; 佐藤他, 2015など）。

・具体的な場所や行き方
・外観・相談室がある場合は内観も
・開室日時
・予約の必要性の有無と予約方法
・相談方法（対面、メール、電話など）
・利用するメリット
・自分の利用が適切かどうかを判断できる情報（どのような内容で利用できるのか）
・対応してくれる相手（顔、名前など）
・費用（無料なら無料であること）

　さらに、情報提供の対象は学生だけではなく、教職員や保護者にまで広げる重要性が示唆されています。伊藤（2017）は学生相談機関のホームページが他国と比べて情報発信に乏しいことを明らかにし、精神的な危機にある学生の利用しやすさを守ろうとする、相談員の匿名性保持や相談の枠組み重視という学生相談の在り方と一致している、という見方を示しています。つまり、学生相談の場合はあえて情報提供を抑える傾向がありうるのです。しかしながら伊藤（2017）は、援助要請を起こしにくい学生の心理的抵抗感を下げるためには、

個人相談志向ではなくコミュニティ志向のモデルに移行して、基礎知識、教職員向けガイド、両親向けガイドなどの情報提供を提案しています。支援体制によっては独自のホームページをもたず、内容を変更しにくい場合も多いと思いますが、学内の広報担当と連携した積極的な情報発信が求められます。

（3）学外の相談機関を周知する

　学生には相談の選択肢として学外の相談・支援窓口を周知する必要もあります。学内に該当の窓口が存在しない場合や、早朝や深夜の時間帯、大学に通いにくい状況に置かれたとき、学内の相談機関を利用したくないときなどには、学内に相談するかしないかの二者択一ではなく、学外に相談する第三の選択肢を呈示すべきです。学外の相談機関の周知は、学生自身の卒業後や、学外の知人を助けたいと考えたときの備えにもなります。学外の窓口情報について、藤居（2023）は学生相談のホームページ活用も提案しています。

　相談できる学外の窓口の代表的な例として、メンタルヘルスに関しては自治体の精神保健福祉センター（地域自殺対策推進センター）、保健福祉部署や保健所の提供するこころの健康相談、学生総合共済の学生生活無料健康相談テレホン、全国や各都道府県のいのちの電話（一般社団法人日本いのちの電話連盟）、全国よりそいホットライン（一般社団法人社会的包摂サポートセンター）、こころの健康相談統一ダイヤル、NPO法人による自殺のSNS相談などがあります。他に、一般に相談しにくい性暴力被害やハラスメントに関する相談などの情報をホームページや啓発資料に整理しておくことも役立ちます。

　これらの相談窓口の認知率は全く十分ではなく、18～29歳の男女のうち、自殺の主要な相談窓口を53.6％（14,475人中）の人が、性暴力被害の主要な支援サービスを68.0％（14,590人中）の人が認知していません（日本財団，2023）。その大学のある地域や、学生の居住地などに合わせ、最低限の情報として存在と内容、できれば学内の窓口と同じような具体的情報を提供するべきです。

（4）いつかの援助要請につながる効果的な周知方法

　相談窓口の具体的な情報を伝える際には多くの場合、利用を促すテキスト

メッセージ、例えば「どんなことでも相談してください」「気軽にお越しください」といった文言が含まれます。メッセージ内容の違いが、あるいはどのような伝え方が、人々の援助要請行動に効果をもたらすかについて研究されています。

　自殺予防の公共広告（Public Service Announcements: PSA）に関する研究は参考になります。Wiglesworth et al. (2021) は、メインメッセージ（自殺を防ごう、うつを治療しよう。"Prevent suicide.Treat depression"）、援助要請を促すメッセージ（医者に診てもらおう、"See your doctor"）、視覚イメージ（男性の顔写真など）から成る模擬看板を、車を運転しているときに 5 秒間見かけるという設定で 18 〜 28 歳の学生 140 名に見てもらい、15 分後に看板の特徴を想起させる実験を行いました。その結果、自殺リスクが低い対象者に比べて自殺リスクの高い対象者は、援助要請を促すメッセージの想起が有意に少なく (45.83 % vs 29.55 %)、自殺念慮やうつ症状のある学生にとって援助要請のメッセージが思い出されにくい可能性が示されています。

　検索したキーワードに従って検索結果に表示されるウェブ広告を使った研究では、共感を示すメッセージよりは「相談してください」と呼びかける直接的なメッセージを使った広告が、自殺予防相談への架電に寄与したことが示されています（髙橋他，2020）。

　Joyce & Weibelzahl (2011) は、アイルランドの学生カウンセリングサービスで、学生に援助要請を促すテキストメッセージを送るフィールド実験を行いました。一連の調査に基づいて、最終的に 4,326 通のテキストを 752 人の学生に隔週で送り、その反応を調べた大規模な研究です。送られたメッセージには「こんにちは、ようこそ。私たちスチューデント・ライフは、皆さんの学生生活をできるだけ快適にすることを目指しています。不明な点があれば、お気軽にお尋ねください。電話／テキスト番号＊＊」（1 年生、新学期 9 月に）、「キャリア・サービスからこんにちは。今すぐアドバイスを受けましょう！キャリア選択、コース選択。将来のために助けが必要です！電話／テキスト番号＊＊」（全学年、11 月に）などがありました。その結果、反応率は学期あたり 3 ％で、実際に 11 人の学生がテキストメッセージを受けて援助要請行動を起こしました。一連の研究から著者らは、積極的なメッセージ送信の有効性を明確にする

とともに、学生は大学からの定期的なテキストの受信には反対しないことや、1 年生が特に反応があり、学生は困難を学業の問題として表現すること（例：講義が大変）を示唆しました。

　以上のような研究知見から、相談窓口の利用を促すには、簡潔なテキストで「相談してください」という援助要請のメッセージが印象に残るような工夫（例えばフォントサイズや文字色の変更）とともに、学生の助けが必要になりそうなタイミングでメッセージが届くようにすることが有効であると考えられます。

学内支援体制の周知 ● まとめ

- 学内外の相談・支援窓口を事前に幅広く学生、教職員、保護者に周知することで、必要なときに学生が窓口を利用する確率を高める
- 学内の相談・支援窓口の来談率を高めるには、認知度を高め、心理的抵抗感を低めるための具体的な情報提供を行う
- 「中の人」が直接学生に案内するほうが周知の効果は高い可能性がある
- 学外の相談・支援窓口もホームページなどを活用して積極的に案内する
- 窓口の利用を促すのに効果的なテキストメッセージを用いる

---

column 03

学生＝若者か？

　「若者」は何歳くらいをイメージしますか。博報堂生活総合研究所が 3,300 人に行った調査によると、若者は世間一般には 15 〜 27 歳頃を指すそうで、高校生からストレートで進学した博士課程修了くらいまでの年齢が含まれています。若年者向けの政策は、30 代も含むことが少なくありませんが、自殺対策基本法や自殺総合対策大綱で言及される「若者に対する自殺対策」の若者が、誰を指すのかは明確に定義されていません。学生＝若者であり、大学における自殺対策＝若者の自殺対策と捉えてよいのでしょうか。

　2023 年の大学・短大進学率は 57.7 ％と過去最高を更新し（文部科学省, 2023）、高校卒業後にストレートで進学する学生の割合は増加しています。2022 年に大学や大学院に入学した者の年代を**表 3-3** に示しました。大学、大

学院を含めて全体の 96.8 ％が 10 ～ 20 代前半であるため、ここから推定される大学構成員の年代は、20 代前半がボリュームゾーンです。ただ、博士課程から 20 代後半が増加し、30 代以上の入学者はどの課程にも存在することから、学生が必ずしも若者に該当しないことも分かります。また、自殺者数の年代別割合からは、20 代後半以上の自殺者が約 10 ％を占め、在学生の年代から考えると、20 代後半以上の学生の自殺が相対的に多い可能性があります。25 歳以上の学生の自殺リスクは高いとする研究もあるため（Silverman et al., 1997）、学生をイメージで「若者」とくくると、自殺予防対策の重要な対象者を見逃します。

表 3-3　2022 年度大学入学者数と学生の自殺者数における年代割合

2022 年度入学者	大学	修士・博士前期	博士	専門職大学院	2020-2022 の自殺者（疑い含む）
N	635,156	75,749	14,382	9,074	932
10 代	95.9 %	85.1 %	18.2 %	44.1 %	16.6 %
20 代前半	3.8 %				73.8 %
20 代後半	0.2 %	7.7 %	40.8 %	11.0 %	6.5 %
30 代	0.1 %	3.5 %	29.0 %	21.6 %	2.0 %
40 代〜		3.8 %	12.3 %	23.3 %	1.0 %

文部科学省の「令和４年度学校基本調査」「死亡学生実態調査」により作成。

　25 歳以上の大学生は、浪人、休学や留年を経験している可能性があり、何らかの金銭的事情や学業上の困難を抱えていることが推察されます。また院生は、結婚や育児、親の介護など、20 代前半とは異なるライフステージに立たされる場合も増えるため、社会からの様々な支援が届くようにする必要があります。ちなみに私は浪人のため大学入学時は 19 歳で、当初は１つ学年が異なることを同級生に知られたくありませんでした。日本は高校までほとんど横一線で過ごし、ついつい学年で人間関係を考えてしまいがちですので、年齢は時に集団に溶け込むことを阻害するセルフ・スティグマとなりえます。学生＝若者という固定観念は、異なる年代の学生の疎外感を強め、ライフステージの違いがもたらす危険因子の相違を見落とすことにもつながりかねません。大学では「若者のための自殺対策」にとどまらず、様々な年齢やライフステージの学生がいることを前提とした取り組みが重要なのです。

3　自殺予防教育

(1) 自殺予防教育の有効性

　自殺予防教育は、児童・生徒の早期の問題認識と援助希求的態度の育成を目的とし、アメリカの実践を参考に学校現場に導入が図られました（文部科学省・児童生徒の自殺予防に関する調査研究協力者会議, 2014）。アメリカなどで実施されている学校ベースの自殺予防教育は、メンタルヘルスや自殺の問題について直接的に生徒に話し合わせたり、ロールプレイを行ったりして、生徒自身に主体的に考えてもらう機会を重視したプログラムです（Kiran et al., 2023）。対照群と比較して、生徒の自殺念慮や自殺企図の有意な低さを報告したプログラム例には、Signs of Suicide（SOS）（Asltine & DeMartino, 2004）や YAM（Wasserman et al., 2010; 2012）があります。また、Surviving the Teens® Suicide Prevention and Depression Awareness Program（King et al., 2011）は単群研究ですが、有意な自殺念慮や自殺企図の減少を示唆しています。

　このうち YAM は、SEYLE（Saving and Empowering Young Lives in Europe）というヨーロッパの大規模なランダム化比較試験によって有効性が示唆されました（Wasserman et al., 2015）。SEYLE では、EU10 ヵ国 168 校をランダムに 3 つの介入群—教員と学校関係者が受講するゲートキーパー養成研修 QPR、専門家によるスクリーニングと専門機関への紹介、メンタルヘルス意識向上プログラム YAM に割り当てて、その効果を見ました。対象者は、自殺企図の経験があったりベースライン前の 2 週間に重度の自殺念慮を感じていたりした生徒を除き、14 ～ 16 歳の生徒 11,110 名でした。YAM はこの研究のために開発され標準化されたプログラムで、ライフイベント、ストレス、自殺行動に対処するためのスキルの向上を目的とし、3 週間の介入期間中に心理教育やロールプレイを中心としたプログラムを実施します（菅原・太刀川［2020］を参照のこと）。調査期間中の自殺企図の発生を主に比較した結果、3 ヵ月後に差は見られなかったものの、12 ヵ月後には YAM の行われた学校の生徒が、統制群と比較して自殺企図と重度の自殺念慮が有意に減少していたことが示されました。また SEYLE の研究期間中に自殺既遂は発生しませんでした。

　大学においては、まだ自殺予防教育に関する実証研究が少なく、効果を実証
できるほどの十分な研究がないとされています（Harrod et al., 2014; 太刀川他,
2017）。しかし、12 〜 25 歳を対象とした自殺予防介入のシステマティックレ
ビューとメタ分析の結果から、集団に対する教育啓発プログラムを受けた若者
は、対照群よりも自殺行動が大幅に減少していることが示されました（Kiran
et al., 2023）。そのため大学においても教育啓発プログラムが学生の自殺リスク
を減少させる有効性が示唆されます。また、少なくない学生がすでに自殺念慮
を有した経験があり、今後も自殺の危機を経験する可能性があるため、個人に
とっても自殺の背景や対処について学べることは有益です。

(2) 自殺予防教育の実施状況

　様々な要因が重なれば、子どもの心の危機や自殺念慮は幼少から起こりうる
ため、自殺予防教育は早期に受けたほうがよいのですが、日本では「自殺予防
教育」の名称や内容、目的について現在まで様々な議論があり、改正自殺対策
基本法や自殺総合対策大綱では、自殺に直接的に触れず、援助希求的態度の促
進に着目した「SOS の出し方に関する教育」が推進されています（金子他,
2018; 森山, 2019）。ただ、この SOS の出し方に関する教育も含めて、高校卒業
までに関連教育を受ける機会はまだ全員には与えられていません。そのため、
遅くとも大学時点で自殺予防教育を学生に提供することが必要です。メディア
などからすでに誤った自殺の知識やスティグマをもっている学生もいるため、
自殺の話題をスティグマ化せずに、学生の正しい理解を積極的に促すことに意
味があります。

　2020 年度の自殺対策実施状況調査では、学生に対する教育研修の実施を報
告した大学は 65 校でした。その内実は MHL 教育、ソーシャルスキルトレー
ニング、メンタルヘルスワークショップなど、いわゆる下地づくりの教育が中
心的です。もちろん下地づくりの教育も、学生の自殺予防に意味を成すでしょ
う。MHL が自殺予防に重要であることは先述した通りであり、ストレス・マ
ネジメントやソーシャルスキルの向上、援助要請意図などの向上を目指す健康
教育も、学生のメンタルヘルスに有用と考えられます（武田・内田, 2004; 中
村, 2010 など）。

　しかし「自殺予防教育」と呼べるような、自殺に正面から焦点を当てた教育はまだあまり行われておらず、前年の大学生の自殺予防研究班の調査結果からも、メンタルヘルス向上を目的とした授業や、専門職を目指している学生が自殺対策について学ぶ教育に比べて、学生の自殺予防を目的とした自殺予防教育や、身近な人の危機に対応するためのゲートキーパー養成を実施していた大学はわずかでした。大学は自殺予防教育の必要性を認識していましたが、実施時間枠や講師の確保などがハードルとなっていることが示されています。自殺予防教育の有効性を得るには 1 週間以内の短期の介入でもよいことが示唆されている（Walsh et al., 2022）ため、下地づくりの教育の枠を試しに自殺予防教育に置き換えるなどして、実施報告が増えていくことが期待されます。

(3) 大学における自殺予防教育の実践例

　では、これまでにはどのような自殺予防教育が大学で実施されているのでしょうか。清水他（2017）は教養教育の 1 回の授業で、92 名の大学生に自殺の現状や心理、身近な人を自死で亡くした人の体験や地域の自殺対策、自分たちにできる自殺予防と対処法などの講義を行いました。直後の調査では 65 名から回答を得られ、予防教育が今後に役立ちそうだと答えた学生が 96.9 ％に上りました。感想からは、知識と理解を得た学生、自殺予防に関心・意欲を示した学生がいたことが示されました。

　Katsumata et al.（2017）は、授業外の時間に 4 時間のプログラムを 11 名の学生に実施しました。内容は、大学生の自殺に関する講義、集団での合意形成を図るためのグループワーク、架空の相談場面をグループで検討して他者に説明するゲーム式ワークの 3 種類で構成されていました。プログラムの受講後、自己破壊的行動に対するピア・サポート場面でのバランスのよい態度や、自殺は予防できるという態度を身につけることへの有効性が示唆されました。その一方で、被援助志向性については有意な変化が認められませんでした。

　GRIP は感情の扱いに関する能力の向上と、学級や集団の相談しやすい環境づくりの双方を目指して中学生用に開発された教育プログラムで、中学生に対する効果が示されています（白神他，2015; 原田他，2019）。大学生に適用した川野・勝又（2018）は、70 名の女子大生に 90 分 × 15 回の授業で GRIP を実施し

た結果、学生の援助要請の態度や学校への適応感の向上、大人に援助要請した場合のポジティブな結果予想の増加など、プログラムの目的に沿った効果を示唆しています。GRIP は教材が web で公開されています。

　髙橋他（2019）は自殺予防のための e ラーニング教材として、MHL の構成要素に対応する形で自殺予防を学ぶスライドを全国の学生に見てもらい、287名から調査回答を得ました。その結果、2 週間後には抑うつの低い学生のゲートキーパーとしての自信は高まり、抑うつの高かった学生の抑うつは有意に低下しているといった効果が示唆されました。

■ CAMPUS の概要

　筆者と大学生の自殺予防研究班は、大学生向けの自殺予防教育を各大学で実施できるようにするために、プログラムの標準化を目指して CAMPUS の開発と実施に取り組んできました（髙橋, 2020; Takahashi et al., 2023）。教材はまだ一般公開していないため、現在までの研究内容について紹介します。

　CAMPUS は、"Crisis-management, Anti-stigma, and Mental Health Literacy Program for University Students" の頭文字をとって、分かりやすく名付けたプログラムの名前です。教育の達成目標は、学生が（1）自分の心の問題に対処できるようになること、（2）自分の心の問題に対処できないとき、他者に相談できるようになること、（3）他者に心の問題について相談されたとき、対処できるようになることです。この目標を達成するために、CAMPUS では名前通り 3 つの教育コンセプト、①危機対応、②アンチ・スティグマ、③MHL の要素を意識して内容を構成しています。

　すなわち CAMPUS は、MHL 教育と自殺予防教育、後述するゲートキーパー養成研修を大学生向けに構造化した、いわば良いとこ取りのプログラムです。現在も効果検証を進めている最中であるため、自殺予防に有効であると明言できませんが、過去に医学部 2 年生の必修授業として実施した結果、半年後までゲートキーパーとしての自己効力感の向上が維持され、過去 1 ヵ月間自殺念慮は全くないと示した学生の割合が増加していたことが示されています。Kiran et al.（2023）のレビューでは、自殺予防教育とゲートキーパー養成研修の両方を受けている若者は、自殺予防とゲートキーパーのコンピテンシーが有

意に高かったことが示されているため、どちらも一緒に受けられる CAMPUS は、時間の限られている大学現場では導入しやすいと考えられます。

　CAMPUS ははじめのフィールドであった筑波大学の授業時間（75 分 × 3 限）に合うように構成され、演習内容を検討するための研究から始めました。その後、学生の感想やアンケート調査から考えられた効果や課題、実施者の実現可能性の側面から改良を重ねました。2020 年から多施設共同研究を進めるために、CAMPUS の構成要素（表 3-4）を、実施大学の使える時間枠（90 分 × 2 コマなど）に合わせて組み替えて実施を継続しています。

表 3-4　CAMPUS の構成要素

講義パート A	大学生のストレス／精神疾患の概要／自殺の心理 ストレスや自殺念慮への対処法／相談のすすめ
講義パート B	パブリック・スティグマと・セルフ・スティグマ／自殺の誤解 セルフ・スティグマの克服方法の提案
講義パート C	自殺対策基本法／ゲートキーパー／傾聴の方法／自殺のリスク評価／利用できる相談資源
演習パート A	大学が学生に相談するゲートキーパー動画の視聴／ 2 〜 3 人での傾聴練習
演習パート B	事前に作成したシナリオを使い、小グループのロールプレイを実施 　A. セルフ・スティグマを友人に打ち明ける 　B. 自殺念慮を友人に打ち明ける グループでのディスカッションと全体ディスカッション
まとめ	リラクセーション（呼吸法）／用語の振り返り／役立つ資料の紹介

Takahashi et al. 2023

■ 実施上の留意点

　CAMPUS のように自殺を正面から扱う教育の有用性を感じる一方で、やみくもに自殺を取り扱えばよいわけではないことも体感してきました。教育を受ける学生の反応は良好である一方で、深刻なテーマに気持ちが落ち込んだり苦しくなったりする学生が、少数ですが確かに存在します。その反応自体は自殺リスクの高まりを意味するわけではありませんが、当人としては不安になるでしょう。また、うつの治療中であるようなハイリスクの学生は、集団の中で自

殺について他の学生と話し合うことは耐え難い苦痛となってしまうこともあります。そのため、CAMPUS に限らず学生に自殺をテーマに話すときには、事前の案内と事後のフォローが何よりも重要です。CAMPUS で実施している準備とフォローの例を示します。

綿密な準備

・遅くとも 1 週間前（早ければ 1 ヵ月前）には、授業で自殺をテーマに話すことやグループワークを行うことを予告する
・学生相談や精神科にかかっている学生には、主治医やカウンセラーと事前の相談を勧める（教職員側にも学生との相談を依頼する）
・出席要件について説明する（上記の理由から自殺予防教育の受講は強制すべきでない）

授業中

・自殺の話題がどういう反応をもたらす可能性があるのかを説明する
・授業中に苦しくなった場合の対処法として途中離席や閉眼して休むことを認める
・感想を求め、必要に応じて連絡することがあると伝える

事後フォロー

・感想を確認し、気になる書き込みが見られた場合には「授業の感想を見て心配に思ったので」と理由を説明して連絡する
・相談先を案内するメールを送る

　これまでの実施形態では、授業を設定するコーディネーター教員が全員、精神科医であったため、すでに保健管理センターなどに通院中の学生がいた場合は、授業を受講するかどうかを事前に話し合ってもらっていました。

　また、講義は受けられてもグループワークは耐えがたいという学生もまれにいるため、その代わりの個人ワークを用意しています。単に共同作業がどうしても苦手という場合なら、演習の時間は代わりの個人ワークに取り組んでもらうことで、特に問題なく進行できます。他方で、受講生同士に顔見知りがいる可能性が高い必修や専門科目の場合は、グループワークへの不参加が周囲に知られると、その学生に居たたまれなさを感じさせてしまうことがあります。また、それこそ内心に抱えている自殺念慮を、教職員含めて誰にも打ち明けるこ

とができずに、本当はグループワークを回避したいのにそれができない学生も存在するかもしれません。SEYLE研究では、ベースラインで自殺念慮や自殺企図を報告した生徒には連絡され、必要に応じて医療機関の紹介も行われましたが、スティグマを避けるために研究への参加自体は認められていました（Wasserman et al., 2015）。このように全員に不利益がないようにするには、事前に学生の特性や状態を把握するためのアンケートを組み合わせ、それと並行して自殺予防教育の実施に際し学生がとれる行動（出欠や参加の仕方、相談の有無など）の選択肢をできるだけ詳細に伝え、学生に選んでもらうようにすることが最大限の倫理的配慮となります。

（4）自殺予防教育の課題

　海外の取り組みに比べて日本の大学での実施事例が少ないため、まず大学の実施を増やしていくことが重要です。矛盾するようですが、一度実施してみて初めて、その大学に適した実施方法や課題も見つかると考えられます。もし学内の懸念の声が大きければ、少人数の大学院生、もしくは医学、看護、心理、教育などいずれ専門的な職業として自殺対策に携わる可能性のある学生を対象に、短い講義や動画視聴など取り組みやすいものから実施するとよいでしょう。実施の様子は他の大学教職員に見てもらい、実施後は学生の感想を聞くことが必要です。

　大学での自殺予防教育が普及していない要因としては、①標準化されたプログラムの欠如、②講師の不足、③研修の不足、の３点が挙げられます。

　まず①日本で大学用に標準化されたプログラムがないことは大きな問題です。海外のSOSやYAMは日本には簡単に導入できず、実施するためには認定されたインストラクターが必要です。またメンタルヘルス教育と比べて自殺予防教育が「試しにやってみた」となりにくいのは、学生の自殺企図が起きる不安や恐怖があり、おいそれと実施できないと考えられているためではないでしょうか。現段階で提案したいのは、すでに実施されている健康教育や心理教育で自殺の話題まで盛り込むこと、中学や高校の教育用に公開されているGRIPなどの教材や厚生労働省が公開しているゲートキーパー養成用テキストを使って実施すること、また国や自治体が作成した動画を授業内で視聴するな

どして、学生が自殺の問題を話し合う機会をつくることです。

　次に②講師の不足です。これまでの大学における自殺予防教育の実践報告を見ると、自殺予防に関する著作をもつ教育・研究者の報告がほとんどで、それ以外の研究者や専門職の参入ハードルは高いことが示唆されます。中学や高校の場合は自治体との連携や信頼できる大人の啓発の意味を込めて、地域の保健師が出前授業を担当することもあるため、大学も学内で講師を完結させようとこだわる必要がないことは念頭に置いた方がよいでしょう。東京都が学生向けの講演会を企画しているように、自治体との協働が今後望まれます。

　なお、講師が不足している背景には、講師のための③研修が不足しているという問題点も見えてきます。ゲートキーパー養成研修については少なくとも、日本自殺予防学会が実施方法のワークショップを何度か開催していますが、自殺予防教育については講師となるためのスキルアップ研修は知る限りでは行われておらず、新たに学んで身につける機会がありません。そのため、今後は、教職員が自殺予防教育を実施するための情報や研修機会を増やしていく必要があります。

自殺予防教育 ● まとめ

- 学校ベースの自殺予防教育は、生徒の自殺念慮や自殺企図を予防する効果が示唆されている
- 日本の大学ではメンタルヘルスに関連する教育が中心的で、自殺予防教育の実施例は少ない
- CAMPUS のような標準化されたプログラムの普及や、講師を増やすための研修機会の増加が期待される
- 現段階で自殺予防教育を実施するなら、既存の使える資料や動画を参考に、学生に自殺の問題について考える機会を与える

4　クラス担任などの教員とのかかわりと面談

(1) 教員による相談・支援制度と役割

■ 担任、アドバイザー、チューター

　日頃の学生支援のキーパーソンの 1 人は教員です。教員は、学生にとってインフォーマルな支援者として、修学や研究といった広い面で学生と常日頃からかかわっています。そのため専門的な援助ではなく、身近な存在として学生とかかわり、時に心配な学生をフォーマルな援助につないだりする役割が期待されます。

　大学は、教員が学生をサポートしやすい制度や仕組みとして、教員をクラス担任、(アカデミック・) アドバイザー、チューター[12] として配置する制度を設定している場合があります。これは第 2 章で紹介した「制度化された学生支援」に相当します。

　大学教育における「クラス担任制度」という用語は 2000 年に初めて登場し、その後、日本の大学教育でのクラス担任制の実態について掴む参考になるのは、独立行政法人日本学生支援機構 (JASSO) の調査のみであるといいます (杉田, 2020)。JASSO (2023) による学生支援組織に関する調査では、学生相談に対応する相談・人として「クラス担任、指導教員等の教員」の選択肢があり、これに該当したのは大学 72.9 %、短大 77.2 %と 7 割以上を占めました。また、自殺対策実施状況調査では、自殺対策として「担任・アドバイザー制の設置や教員との面談」を回答した大学は 820 大学中 105 大学あり、データをみると担当教員 1 人につき 4 〜 20 人程度の学生を担当していました。そのため、全国の少なくない数の大学が、特定の教員が学生を支える何らかの環境を設定していることがうかがえます。例として金沢大学では、担任教員とアカデミック・アドバイザーが連携して学生の生活相談や進路支援に当たっています (中野・井上, 2022)。また、広島大学は教養教育担当の教員と学部教員が、1

12　留学生や障害学生に対する学生によるピア・チューターを指す場合が多いが、教員を指す場合もある。

人の学生を入学から卒業までサポートするチューター制度に長い歴史をもちます（JASSO, 2007）。

　杉田（2020）は大学のホームページから「クラス担任制度」の導入を謳う82校を選定して、教員52人（うち国立1人、公立6人）にアンケートを行い、クラス担任業務に有意に多くエフォート（平均23％、SD = 14.6）を割いている教員は、学生に対する相談支援の頻度が多く、キャリア支援や学びの促進に効果を感じていました。また金沢大学でも、アカデミック・アドバイジングが進路支援に果たす役割が大きかったことが示されました（中野・井上, 2022）。学生の自殺の背景には学業不振や進路の悩みが存在しうるため、クラス担任制のように教員が日頃から学生を支援する体制の整備は、特に進路に対する支援を通して、長期的に学生の自殺予防に寄与する可能性があります。

■ 指導教員

　指導教員の及ぼす影響は、上記のような担当教員と同等かそれ以上に大きいと示唆されます。研究室（ラボ、ゼミ）に配属された学生と指導教員との関係性は、通常は長期に渡ります。特に大学院生において、指導教員は研究と論文執筆の要であり、キャリア選択にも直接的に影響を及ぼす存在です。

　そのため難しいのは、担当教員と違って指導教員は概して、研究指導の過程の中で学生に恐怖心をもたれたり、相談できる存在から遠くなったりしやすい点です。名古屋大学で診察を受けた学生の精神的不調のきっかけを検討した研究では、きっかけの中に指導教員との問題や研究の問題が挙げられています（長島他, 2018）。また、指導教員からの虐待的（abusive）な指導を頻繁に認識していることは、中国の大学院生の自殺念慮と直接的に関連し、所属感の減弱や負担感の知覚とも有意な関連がありました（Yao et al., 2023）。ここで言われている虐待的な指導とは身体接触を除いて、からかう、非難する、悪口を言うなどの行為を指し（Tepper, 2000）、アカデミック・ハラスメント（アカハラ）に該当します。暴言のような加害型のアカハラは、学生も周囲も問題を認識しやすいですが、アカハラの中ではなかなか指導を受けられない指導放棄も多く経験されます。

　学生に特定の指導教員が付くことで、他の教職員は学生を傍で見守ってくれ

る存在に一旦は安心するかもしれません。しかし、指導教員と学生の間のハラスメントの発生には、閉鎖的な環境が一因にあるため、学生が異なる関係性をもつ複数の教員に相談し続けられる制度や環境の維持は重要と考えられます。

(2) 教員による面談の実施

　自殺対策実施状況調査では、教員による相談・支援制度を設置し、4〜5月など早い時期に全学生に生活面を含む様々な内容の面談を行っている、という記述が見られました。教員による全学生との面談には、自殺予防の観点から少なくとも3つの利点が考えられます。

　1点目は援助要請しやすい構造です。学内の専門相談窓口は基本的には学生の自主性を重んじ、学生が拒否している場合に利用を強制できません。故に悩んでいる学生が相談に来ないというサービスギャップの問題が生まれてしまいます。一方、担当教員による全面談の場合は、修学や就職支援など、大学・教員・学生の三者が必要性を認識しやすい事柄について話し合う場として設定されること、面談相手と事前に対面していること、自分以外の他の人も面談していて援助要請のスティグマは生まれにくいことから、フォーマルな相談窓口に自ら援助要請行動をするよりも随分と敷居が低くなります。

　2点目は、学生と信頼関係を構築し、所属感やソーシャルサポートなどの自殺の保護因子を提供できることです。面談時に必ずしも相談支援が必要な学生ばかりではありません。しかし、話しやすく、信頼できる教員が1人でもいること、それ自体が学生の自殺予防につながるとともに、困ったときの相談相手としても浮かびやすくなります。

　3点目は、支援の必要な学生を早期発見するスクリーニングになることです。学業不振やこじれた人間関係のトラブル、進路の悩みなど、学生が自分で解決できずに実は困っていた問題を相談できる良い機会となります。さらに、精神的健康や自殺の問題が心配な学生に気が付き、学内の教職員や相談窓口につなぐ役割も期待されます。そのため面談は、入学初期、長期休み前、実習前後、就職活動中など、学生に学業的ストレスが掛かりやすい時期に合わせて提供するのが効果的だと考えられます。

　しかしこれらの支援制度を運用するには、担当教員の負担が大きな課題とし

て挙げられます。杉田他（2023）は、2021年度に担任を務める大学教員196名に担任業務について自由記述による調査を行いました。その結果、学生対応に時間を要することや多様な背景を含む学生対応の難しさが教員の認識する課題として抽出され、これらの課題がクラス担任制を越えた教職員による学生相談の普遍的な問題である、と指摘しています。自殺対策の実施状況調査でも見られたように、特に公私立大学は教員に学生を支援する役割を割り当てている一方で、メンタルヘルスに関する研修は十分に行われていないことが示唆されていました。そのため、教員の認識している課題に対処するには、大学が教員に丸投げするのではなく、教員を支援する環境を整えていく必要があります。例えば、出席情報などの教務システムの閲覧権限、学生対応のためのFD研修の開催、個別事例に対して学内相談機関からコンサルテーションを受ける機会やケースカンファレンスの場づくりなどが挙げられます（槇野, 2008; 杉田, 2020）。また、面談の構造も教員が精神的な余裕をもてるようなスケジュールで組めるようにしたり、希望した学生のみ面談とするなど、教員の負担と学生の利益のバランスのとれた制度運用が必要です。

（3）教員のかかわり

　苫米地（2010）はカウンセラーの視点から、学生対応における教職員に求められる基本として、①学生を1人の人間として尊重する、②学生に関心を向け、親身な対応を心がける、③「聴く」ことを大事にする、④1人で抱え込みすぎない、という基本的な心構えを挙げています。A大学の専任教員を対象とした執行・河野（2018）や、国立大学の教員を対象とした住岡他（2019）では、学生とのかかわり方における工夫として、傾聴などの保護的なかかわりや、学内連携や外部機関、保護者との連携を挙げた回答者も多かったため、苫米地（2010）の挙げる基本的な心構えを実践している教員は現状、少ないわけではないと考えられます。

　しかし、これらのかかわり方は平常時には当然だと留意できても、教員自身の要因（対応への知識、忙しさ、体調など）、学生と教員の間の要因（相性、教員の学生に対する印象など）、学生自身の要因（動機づけ、教員への不信感など）、環境の要因（話す場所、時間帯など）から影響を受け、いつも思い描いているよ

うには実践できない場合もあります。したがって、担当教員個人の心構えやスキルだけでなく、教職員同士で声を掛け合えることや、教員を支援する環境づくりを通して、教員と学生との良好なかかわりが継続するようなサポートが必要です。

　学生時代が長かった筆者は、周囲の友人の声や自分自身の体験から「学生にやさしい指導教員のかかわり」を考え、次のようなかかわりを実践するよう心掛けています。心理士としての専門性もベースにありますが、筆者もまだまだ経験不足です。各教員の心掛けを列挙して互いに話し合うことが私たちの振り返りや新たな発見に役立つかもしれません。

学生が相談しやすい環境をつくる

・連絡先を公開したり、授業で積極的に自身への連絡を呼びかけたりする
・普段から学生に声をかけ、メールには丁寧に返事をする
・かかわるときに忙しそうにしない（余裕のないときには正直に伝えることも重要）
・研究室のドアを開けておく
・研究室に整理整頓された机と椅子、グリーンと時計を用意する

学生の話を聴く

・温かい雰囲気で、口角を上げ、話すトーンやペースを合わせる
・学生の名前を会話に入れる
・学生の主体性を尊重する姿勢で、自分の意見を言いすぎない
・他の教職員に共有すべきと判断した情報は学生に共有の同意を必ずとる
・学生に本心からポジティブフィードバックをする

教員などによる面談 ● まとめ

● 教員の役割を制度化し、学生が相談しやすい環境づくりをする
● インフォーマルな支援者として教員の面談機会があることは、学修や進路支援に効果を発揮し、学生の危機に対して予防的にはたらく可能性がある
● 学生の危機を早期発見できれば、専門的な相談につなぐ役割を果たせる
● 学生と教員の関係性を大学がサポートする環境づくりも重要である
● 教員による面談では、枠組みを意識して学生の話を丁寧に聴く

学生から見た啓発・教育・相談──ゼミ生との座談会

　　2023年某日、筆者のゼミに所属する心理学科3年生に集まってもらい、全学生対象に行われる啓発、教育、相談を学生はどのように考えるのかを話し合う座談会を開催しました。ゼミでは自殺自傷や喪失をテーマに何度かレクチャーを行っています。学生の生の声を紹介します。

　　参加してくれたゼミ生は4名。みな北海道出身の21歳。

　　Aさん：関心テーマは自殺。　　　　Bさん：関心テーマはファン心理。

　　Cさん：関心テーマは自殺・自傷。　Dさん：関心テーマはオタクカルチャー。

> **Q. 大学生になってから自殺の問題を身近に感じるような体験や、意見をもつようなことはありましたか？**

A：学科が心理だから、例外なのか分からないけど授業でそういう話に触れることは多くなったかなあ。

B：コロナ禍になってからネットとか芸能人の自殺が多くなったという体感がある。（AC：確かにそうかも）

C：身近で情報を知ることは増えたというか。ネットとかを通じて芸能人とかインフルエンサーとか、そういうニュースを見ることは増えた。それは大学生というかSNSかもしれないけど。

B：勉強しているから目に着くようになったかも。

D：さっき言ってた通り有名人だとX氏とかお笑い芸人とかはちょっとショックに感じたくらいで、体験というよりは情報を取り入れたという感じ。

C：あともう1個あるのは、ゼミで自傷の話をしたとき、割と皆が周りで自傷してた子が多いという話があった。心理学科なのもあるけど、私も体験したことがあるという人も聞いたことがあるから、意外と自殺に関連するというか、自傷が身近なんだ、と改めて思った感じ。

A：（自傷も）一歩間違えれば死んじゃうから、身近かもしれない。

B：それこそゼミで、自傷の種類はけっこう幅広いというのも分かったというか。ちょっとむしってみたりとかも自傷なんだなって思ったら、死にはつな

がらないけど、確かに身近には感じたかもしれない。

筆者：SNSとか報道とかで亡くなっている人がいると知ったときに皆さんはど
　　　ういうふうに感じるの？

C：私は、例えばSNSの誹謗中傷だったり、明確ではないけれどそれも一因な
　　んじゃないかと思うんですけど、悲しさと共に憤りを感じて。SNSの使い
　　方がおかしいんじゃないかなって思うときはあります。

A：喪失感もあるし、知れば知っている人ほど親戚が亡くなったかのように感じ
　　るし。あとは芸能界の自殺が最近増えているから、同じ人間なのに生きてい
　　る世界が違う、芸能界に何かあるんじゃないかと疑うことが多くなったなっ
　　て。

B：私は自分が見えている世界とのギャップをすごく感じるというか。それはた
　　ぶん芸能人じゃなくて、きっと身近な人が自殺で亡くなったりしても、そう
　　感じるんだと思う。自分が見えている世界と、当事者に起こっていることと
　　か芸能界とのギャップを感じるかな。

D：僕は驚きが一番強くて。著名人の死とかは身近じゃなくて他人のことだから
　　あまり感じなくて、メディアによく出ている有名人の方でも死にたくなるよ
　　うな悩みがあるんだなと思う。

> **Q：高校生までの間に、自殺や心の健康、あるいは友達の助け方などの教育を
> 　　学校で受けた記憶はありますか？**

ＡＢＣ：思い出せない（笑）。

C：薬物とか進路指導の講演会とか高校のときあったのは覚えているんですけ
　　ど……。

A：自殺に特化した講演会とかは記憶にない……。授業とかだったらやったと思
　　うけど……。

B：それこそいじめアンケートはあったし、スクールカウンセラー（SC）の人
　　が来てますという話は聞いてた。

C：確かに、情報提供はあった。相談ダイヤルのカードがいじめアンケートの後
　　に配られたり。

A：結構な頻度で配られてた。夏休み前とかにしょっちゅうもらっていた記憶あ
　　るな。

筆者：覚えている窓口はある？

A：チャイルドラインみたいな。

一同：あー！　そういうのあった。【カードの色のイメージの違いで盛り上がる】

D：スマホに入れたり、財布とかにコレクションしてた（一同［笑］）。深刻な問題とかじゃなくて、単純に持っているアピールで「こんなに持ってるよ」と友達に自慢するために（笑）今も持っているかもしれない。

B：1つ下の学年で飛び降りたけど無事だった、という話を聞いた。後輩のクラスだったから様子は知ってたんだけど、部活のときにすごくショックを受けてたのを見て。学校や先生は「そういうことはあったけど、あまり口外しないで」というくらいで……。自分たちの学年は何かしらの教育を受けた記憶はない。

A：いじめの教育は結構あった。メールやSNSの文字での連絡で誤解を生んで、いじめや仲間外れにつながるから気を付けよう、とか。交通機関「何で来るの？」という文字が「なにで」と「なんで」を読み間違えて、みたいな。いじめの教育のほうが多かった感じ。

> **Q. 今教育について尋ねたのは、子どもたちに相談を促す教育が進められているからなんですが、みんなは友達同士での相談や大学の学生相談など、相談についてはどう思いますか？**

C：専門家みたいな人に相談することは実際なくて、割と周りの人にすぐ相談するんですけど。相談内容によって人は変えているんですけど、身近な人の方が相談しやすいと私は思うんですよ。逆に親には相談しないかも。友達とか妹とか。

B：学校の相談の所はハードルが高いのもあるし、相談できない人ってみんなそうじゃないかと思うけど、自分の悩みがそういうところに相談するほどでもない、みたいな気持ちがあるかな。

A：わかる。これで相談してもいいのか？と。

C：説明とかには「なんでも話していい」って書かれてるけど、その「なんでも」って何だろうって。

A：高校生の受験のときに心理学科に行きたいと思って先生に相談したらSCに訊くことを勧められて心理学を学ぶことについて質問に行ったことがあるん

だけど、授業中に抜け出さないといけないんだよね。公欠みたいになるんだけど、教室に戻ったらみんなに体調心配されて。でもカウンセリング受けてたよ、と話すと心が大丈夫かなと心配されるから、授業中に抜けるのはやりづらかった記憶がある。放課後のイメージがあったからびっくりした記憶があった。

D：僕も周りの人も相談室に行ったという人は全く聞いたことも見たこともなくて。存在は分かるんですけど、利用方法がよく分からなくて。予約が必要なのかとかそういうのすら分からなくて。悩みの大きさとかにかかわってくると思うんですけど、男なので、細かい悩みとかはストレス発散とかでどっか行っちゃう人も多くて。友達に相談するとか本当に見たことないし、僕はそういう経験ないですね。

筆者：今大学生にも「何かあったら相談行ってね！」と教育啓発の中で言われてるんですけど、促されることの効果ってあるかな？　利用方法の説明とかこんな人がいるよ、とか言ってもらえたりするんだけど……。

A：説明は欲しいかもしれない。（相談室）あるよ、と言われると、どういうときに行けばいいか分からないから、気軽に行っていいって思えるような説明があると、行きやすいのかなって思います。

C：私の実体験だと2年生の授業のときに1回説明があって。私それを聞くまで場所を勘違いしてたんですよ（笑）。話聞かないとここだって気づかなかった。あるのは知ってたんですけど、詳細は分かっていなかった。そのとき初めて知って「え！ここなんだ！」って思いました。

B：あまり人が行かないところというか。授業とかで行くことがないから、余計行きにくいかも。

C：窓口と反対だしね。【しばし、みんなで場所の確認】

B：場所はけっこう大事。

Q. みんな自身が大学時代に困ったり、周囲のサポートが欲しいと思った経験はありますか？

D：実験の授業のレポートとか、成績評価がテスト100％の授業のときは、友達の力を借りてやるくらいしか本当になくて。

筆者：みんなにとって精神的な重みはどれくらい？

D：テスト 100 ％だったらそれだけで今まで受けてた授業が全部パーになって
　　しまうからまあまあ重めなんですけど、でも対策のしようがなかったので。
　　実験は細かく評定が分かれていたから毎回の重みはそんなになくて、しっ
　　かりやっていれば（単位は）とれるよねという感じだったけど、とにかく
　　負担が重くて厳しかったかなと。

C：そういうやつって割と脅されるっていうか（笑）先輩とかも「きついよ！気
　　を付けて！」って。善意ではあるけれど言われると、重くなっちゃうのかな。

B：学科の科目だったら周りも大変だからまだ皆と共有できている。追い込まれ
　　ているのが自分だけじゃないから、精神的に大変だしプレッシャーはあるけ
　　ど、1 人で重い教科を受けているときよりは、テスト 100 ％持ち込みなし
　　はまだいいかもしれない。

**Q.　今、大学の自殺対策として学生に教育が行われ始めています。セルフケア
　　など、みんなはどんなことを教えてもらいたいと思いますか。**

A：セルフケアは知りたいかも。他にどんな方法があるのかとか。

B：経験則から自分で対処できることもあるけど、確かに他の方法があるなら知
　　りたいし、試してみたいし。

C：私は一瞬気分が激下がりしたときがあって。友達関係で迷ったときがあっ
　　て、いつも身近な人に相談しているんですけど、それができないから困っ
　　て。自分の中で自問自答しちゃって負のループに陥っていた。そういうとき
　　にそこから抜け出せる方法とか、思考を切り替えられる方法とか、そういう
　　のがセルフでできたらいいんじゃないかと思って。なので、認知的なところ
　　に興味がある。そのことを考えることしかできなかったから、「どこに相談
　　しよう」とかじゃなくて、「どうしよう」しか考えられなかった。だから思
　　考を切り替えて、もっと客観的に考えられれば、もう少し早くその気分から
　　抜けることができたんじゃないかなって、今は思いますね。

B：私は人に言うことで解決することが多い。結構、本当に無理だなと思ったと
　　きは先輩に話をきいてもらって。だから人に言うことで解決している。1 人
　　で解決できたらいいんだけど（笑）。話戻っちゃうけど、知らない大人に相
　　談するのって無理。相談していいよと言われても難しいと思っちゃう。

C：身近に相談できない相談の場合はどうやってするの？　私は周りに言えない

　　から結構ためてるんだけど。

B：でも気分が落ち込んだとき、レアケースかもしれないけど、めっちゃネット
　　検索しがち。Yahoo! 知恵袋とかで同じ悩みを抱えている人について見がち。
　　あとは時間が解決してくれるのかな。忙しくなって気にしなくなっているの
　　かもしれないし。

> **Q. 友達に相談を受けて困った経験はありますか？　SNS で友達が困っている**
> **様子を見たとか……。**

C：地元からちょっと離れたところにいる友達がわりと大変そうだと思ってて。
　　頑張っているんですけど、それ以上に頑張ろうとする性格なので、SNS で
　　「疲れた」とか「今が一番幸せだから終わりたい」とか。でもそれって鍵ア
　　カ（※公開範囲が友人に限定されるアカウント）で言ってるんですよね。私
　　はつながっているから見れて。それを本人に「大丈夫？」って聞いてもよい
　　ものなのか独り言の吐き捨てなのか、そのラインが難しくて。私が前「大丈
　　夫？」と聞いたら、たぶん相手に心配をかけたと思って投稿を消しちゃった
　　んですよ。そうなるとその子が不自由さを感じるなと思うし、でもここで、
　　もし見逃して居なくなっちゃったら私が罪悪感をもつし、難しいなって思い
　　ました。直接話してもらったら独り言では絶対ないし、SOS なんだと受け
　　取れたと思うんだけど。

筆者：なるほど。そういった点は男友達同士ではどうだろう。

D：僕が相談相手として不十分なのか分からないんですけど、Twitter（現 X）
　　とか見ていると、自分の友達は、それがストレスにつながっているのかもし
　　れないけど、よくわからない変なツイートばっかりしているだけで、自殺願
　　望とかは見えてこない。表面には出さないんじゃないかな、男は。

B：あなたは男性じゃなくて、その前に 1 人の人間であることを教えたい……！
　　【一同（笑）】男性特有の悩みはあるかもしれないんですけど、別に悩みに性
　　別は関係ないし。なんでそんなに（男女が）分かれちゃうんだろう。特有の
　　悩みじゃなくても、悩み方に差が出るのは男性という世間的なバイアスなの
　　かもしれないけど。女子側からすると分かんない。

D：Twitter（現 X）で愚痴とか見るなら男子は恋愛関係が多くて。大学に入っ
　　てから振られたのか分からないけど、割とずっと引きずっているようなツ

イートばっかりしてて。心境の変化とかがあったのかな。

> **Q. 最後にみんなの世代の自殺対策を頑張りたいなと思っている読者の方に何かメッセージをお願いします！**

B：自分たちの世代よりも上の人たちからしたら、思っているよりも 20 代前半や 10 代はどんどん複雑化していってるんじゃないかなと思う。SNS もそうですし、どんどん環境も複雑になってきているし、自分たちの世代も他の世代の人たちのことが分からないのと同じで、自分たちより上の世代の人たちは分からないんじゃないかなっていう気持ちがある。だから私は相談しにくいかもしれないです。

D：今の若者の悩みのはけ口って SNS が多いと思うので、大人世代の人たちはもっと SNS に強くなった方が、若い人の悩みを感受しやすくなると思う。

特に Twitter（現 X）に強くなるべし！という強いメッセージを受け、是にて座談会終了。ご協力をありがとうございました。

引用文献

Allie, S. L. N., Bantjes, J., & Andriessen, K. (2023). Suicide postvention for staff and students on university campuses: a scoping review. *BMJ open, 13*(6), e068730. https://doi.org/10.1136/bmjopen-2022-068730

Andriessen, K., Krysinska, K., Kõlves, K., & Reavley, N. (2019). Suicide Postvention Service Models and Guidelines 2014-2019: A Systematic Review. *Frontiers in psychology, 10*, 2677. https://doi.org/10.3389/fpsyg.2019.02677

Aseltine, R. H., & DeMartino, R. (2004). An outcome evaluation of the SOS Suicide Prevention Program. *American journal of public health, 94* (3), 446-451. https://doi.org/10.2105/ajph.94.3.446

Ajzen, I. (1991). The theory of planned behavior. *Organizational behavior and human decision processes, 50*(2), 179-211.

Cecchin, H. F. G., Murta, S. G., de Macedo, E. O. S., & Moore, R. A. (2022). Scoping review of 30 years of suicide prevention in university students around the world: efficacy, effectiveness, and cost-effectiveness. *Psicologia, reflexao e critica : revista semestral do Departamento de Psicologia da UFRGS, 35*(1), 22. https://doi.org/10.1186/s41155-022-00227-x

藤居尚子（2023）．自殺予防に学生相談機関ウェブサイトがもつ可能性を考える　京都大学学

生総合支援機構紀要, *2*, 5-16.

Gerlach, J., & Greene, P. (2022). Stigma of Suicide: A Thematic Analysis of a University Participatory Public Art Project. *Journal of Creativity in Mental Health, 17*(1), 15-26. https://doi.org/10.1080/15401383.2020.1820926

濱田さつき・松髙由佳・上利学・坂井晶子・德本達夫・戸松美紀子・朱本稚子・田口礼子・光末洋一（2016）. 学生相談室における支援活動の現状と課題　広島文教女子大学高等教育研究, *2*, 97-106.

原田知佳・畑中美穂・川野健治・勝又陽太郎・川島大輔・荘島幸子・白神敬介・川本静香（2019）. 中学生の潜在的ハイリスク群に対する自殺予防プログラムの効果　心理学研究, *90*(4), 351-359.

Harrod, C. S., Goss, C. W., Stallones, L., & DiGuiseppi, C. (2014). Interventions for primary prevention of suicide in university and other post-secondary educational settings. The Cochrane database of systematic reviews, (10), CD009439. https://doi.org/10.1002/14651858.CD009439.pub2

橋本和幸・小室安宏（2016）. 新入生の学生相談室の認知度と学生相談員が授業を担当することとの関連　了德寺大学研究紀要, (10), 23-29.

平井啓・谷向仁・中村菜々子・山村麻予・佐々木淳・足立浩祥（2019）. メンタルヘルスケアに関する行動特徴とそれに対応する受療促進コンテンツ開発の試み　心理学研究, *90*(1), 63-71.

Hofstra, E., van Nieuwenhuizen, C., Bakker, M., Özgül, D., Elfeddali, I., de Jong, S. J., & van der Feltz-Cornelis, C. M. (2020). Effectiveness of suicide prevention interventions: A systematic review and meta-analysis. *General hospital psychiatry, 63*, 127-140. https://doi.org/10.1016/j.genhosppsych.2019.04.011

伊藤直樹（2006）. 学生相談機関のイメージ及び周知度と来談意思の関係　心理学研究, *76*(6), 540-546.

伊藤直樹（2017）. ウェブサイト上における日・米・英・台の学生相談機関の情報発信　心理学研究, *88*(1), 79-85.

JASSO（2007）. 大学における学生相談体制の充実方策について―『総合的な学生支援』と『専門的な学生相談』の『連携・協働』―. https://www.jasso.go.jp/gakusei/publication/__icsFiles/afieldfile/2021/02/12/jyujitsuhousaku_2.pdf

JASSO（2023）. 大学等における学生支援の取組状況に関する調査（令和3年度（2021年度））https://www.jasso.go.jp/statistics/gakusei_torikumi/2021.html

Jorm, A. F., Korten, A. E., Jacomb, P. A., Christensen, H., Rodgers, B., & Pollitt, P. (1997). "Mental health literacy": a survey of the public's ability to recognise mental disorders and their beliefs about the effectiveness of treatment. *Medical journal of Australia, 166*(4), 182-186.

Jorm A. F. (2012). Mental health literacy: empowering the community to take action for better mental health. *The American psychologist, 67*(3), 231-243. https://doi.org/10.1037/a0025957

Joyce, D., & Weibelzahl, S. (2011). Student counseling services: using text messaging to lower barriers to help seeking, *Innovations in Education and Teaching International*, *48*(3), 287-299, https://doi.org/10.1080/14703297.2011.593705

加藤ちえ・大関知子・稲富宏之（2018）. 精神的健康状態と学内資源へのアクセス　大阪府立大学工学域1年生を対象とした実態調査　CAMPUS HEALTH, *55*(2), 150-155.

Katsumata, Y., Narita, T., & Nakagawa, T.（2017）. Development of a suicide prevention education program for university students: a single-arm pilot study. *Asian journal of psychiatry, 30*, 190-191. https://doi.org/10.1016/j.ajp.2017.10.019

川野健治・勝又陽太郎（編）（2018）. 学校における自殺予防教育プログラム GRIP―グリップ―　新曜社

Keller, J. M.（1987）. Development and use of the ARCS model of instructional design. *Journal of Instructional Development, 10*, 2-10. https://doi.org/10.1007/BF02905780

木村文香・松田英子（2010）. 学校相談室の利用実態に関する調査報告―改革前の認知度と利用への意向　情報と社会, *20*.

木村真人（2017）. 悩みを抱えていながら相談に来ない学生の理解と支援―援助要請研究の視座から―　教育心理学年報, *56*, 186-201.

King, K. A., Strunk, C. M., & Sorter, M. T.（2011）. Preliminary effectiveness of surviving the teens®. suicide prevention and depression awareness program on adolescents' suicidality and self-efficacy in performing help-seeking behaviors. *The Journal of school health, 81*(9), 581-590. https://doi.org/10.1111/j.1746-1561.2011.00630.x

Kiran, T., Angelakis, I., Panagioti, M., Irshad, S., Sattar, R., Hidayatullah, S., Tyler, N., Tofique, S., Bukhsh, A., Eylem-van Bergeijk, O., Özen-Dursun, B., Husain, N., Chaudhry, N., & Hodkinson, A.（2023）. Controlled interventions to improve suicide prevention in educational settings: A systematic review and network meta-analysis. Clinical Psychology: Science and Practice. Advance online publication. https://doi.org/10.1037/cps0000179

小池有紀・若井雅之・益田良子（2010）. 学生相談室に対する認知・意識と利用意志との関係：今後の学生相談活動の課題検討のために　中央学院大学人間・自然論叢, 30, 51-66.

児玉憲一・中丸澄子・内野悌司・大下晶子（1997）. 郊外型キャンパスにおける学生の自殺防止活動―教官コンサルテーションによる自殺防止　全国大学保健管理研究集会報告書, *35*, 294-297.

槇野葉月（2008）. 大学生に対するメンタルヘルス支援体制に関する研究（1）, 教職員対象の調査結果から　人文学報. 社会福祉学, (24), 31-52.

Matsubayashi, T., Ueda, M., & Sawada, Y.（2014）. The effect of public awareness campaigns on suicides: evidence from Nagoya, Japan. *Journal of affective disorders, 152-154*, 526-529. https://doi.org/10.1016/j.jad.2013.09.007

文部科学省・児童生徒の自殺予防に関する調査研究協力者会議（2014）. 子供に伝えたい自殺予防　学校における自殺予防教育の手引き　https://www.mext.go.jp/a_menu/shotou/seitoshidou/1408017.htm

森山花鈴（2019）. 緒言：「自殺予防教育」のこれから　社会と倫理, (34), 37-39.

長島渉・横井綾・古橋忠晃・小川豊昭（2018）. 大学生の精神的不調のきっかけ：テキストマ

イニングによる分析　CAMPUS HEALTH, 55(2), 138-143.

中野正俊・井上咲希（2022）. アカデミック・アドバイジングの実践的検証：金沢大学におけるアドバイジング需要について高等教育ジャーナル：高等教育と生涯学習, 29, 39-47.

中村菜々子（2010）. 大学教養授業での心理教育実践：ストレス, うつ病, 援助要請スキルの知識増進に焦点をあてて　学校教育学研究, 22, 47-53.

大杉尚之（2021）. 心の健康に関する相談相手の実態と相談窓口の認知度について：山形市民と山形大学生の事例　山形大学人文社会科学部研究年報, 18, 163-174.

Pescosolido, B. A., Perry, B. L., & Krendl, A. C. (2020). Empowering the Next Generation to End Stigma by Starting the Conversation: Bring Change to Mind and the College Toolbox Project. *Journal of the American Academy of Child and Adolescent Psychiatry, 59*(4), 519-530. https://doi.org/10.1016/j.jaac.2019.06.016

佐藤純・山川百合子・渡辺尚子・工藤典雄（2015）. 医療系大学における学生相談室に対する認識と援助要請に関する研究　CAMPUS HEALTH, 52(2), 125-130.

斎藤清二（2015）. 大学生支援システムと自殺予防　精神科治療学, 30(4), 491-496.

澁谷雅子・七里佳代・村山賢一・佐藤千代子・神主京子・上ノ山友子・真島一郎・黒田毅・鈴木芳樹（2014）. 新潟大学メンタルヘルス検診 7 年間の検証〜精神保健活動との連関　CAMPUS HEALTH, 51(1), 512-514.

執行三佳・河野美江（2018）. 大学教員の学生対応への認識に関する調査　大学のメンタルヘルス, 2, 107-113.

Silverman, M. M., Meyer, P. M., Sloane, F., Raffel, M., & Pratt, D. M. (1997). The Big Ten Student Suicide Study: A 10-year study of suicides on midwestern university campuses. *Suicide and Life-Threatening Behavior, 27*(3), 285-303.

清水惠子・清水智嘉・山中達也・大塚ゆかり（2017）. A 大学生に教養教育として実施した自殺予防教育とその成果　山梨県立大学看護学部研究ジャーナル, 3, 1-12.

白神敬介・川野健治・勝又陽太郎（2015）. 中学校における自殺予防教育プログラムの達成目標についての実証的検討　自殺予防と危機介入, 35(1), 23-32.

末木新（2011）. 自殺の危険の高い者は他者に助けを求めないか？―自殺念慮・自殺関連行動と援助要請の関連に関するレビュー　自殺予防と危機介入, 31(1), 84-90.

菅原大地・太刀川弘和（2020）. Youth Aware of Mental Health Program の概要　自殺予防と危機介入, 40(2), 82-88.

杉江征・杉岡正典・堀田亮・福盛英明・今江秀和・小橋亮介・二宮有輝（2022）. 2021 年度学生相談機関に関する調査報告　学生相談研究, 43(1), 56-100.

杉田郁代（2020）. 大学教育におけるクラス担任制度の実態と課題について―相談支援の頻度が高い教員に着目して　大学教育実践ジャーナル, 18, 1-7.

杉田郁代・坂本智香・藤本正己（2023）. 大学教育におけるクラス担任制の課題―クラス担任へのアンケート調査結果から―　高等教育開発, 2, 10-20.

住岡恭子・井上果子・福榮太郎・小野康男（2019）. 大学教員の属性による学生の問題への関わり方の違いの分析　心理学研究, 89(6), 625-631.

太刀川弘和・川島義高・小田原俊成・衛藤暢明・河西千秋・山田光彦（2017）. 大学生を対象とした日本の自殺予防研究に関する系統的レビュー　CAMPUS HEALTH, 54(2), 186-

191.

髙橋あすみ（2023）．北星学園大学ラーニング・コモンズにおける個別学習相談の変遷—コロナ禍を経た今後の課題—　北星学園大学文学部北星論集, *60*(2), 65-80.

髙橋あすみ・太刀川弘和・石井映美・白鳥裕貴・杉江征・新井哲明（2019）．e ラーニングによる自殺予防のためのメンタルヘルス・リテラシー教材の開発　CAMPUS HEALTH, *56*(2), 185-191.

髙橋あすみ・土田毅・末木新・伊藤次郎（2020）．「死にたい」と検索する者の相談を促進するインターネット広告の要素は何か？　自殺予防と危機介入, *40*(2), 67-74.

Takahashi, A., Tachikawa, H., Takayashiki, A., Maeno, T., Shiratori, Y., Matsuzaki, A., & Arai, T. (2023). Crisis-management, Anti-stigma, and Mental Health Literacy Program for University Students (CAMPUS): A preliminary evaluation of suicide prevention. F1000Research, 11, 498. https://doi.org/10.12688/f1000research.111002.2

高野明（2015）．学生相談における援助要請についての心理学的研究—サービスギャップ改善のための実践に関する検討　東北大学大学院学位論文

武田一・内田和寿（2004）．大学生・短期大学部生に対するストレスマネジメント教育効果に関する研究　ヘルスカウンセリング学会年報, *10*, 41-48.

Tepper, B. J. (2000). Consequences of abusive supervision. *Academy of Management Journal, 43*(2), 178-190. https://doi.org/10.2307/1556375

苫米地憲昭（2010）．教職員のための学生相談の基本—カウンセラーの視点から　大学と学生, (84), 21-27.

Wasserman, C., Hoven, C. W., Wasserman, D., Carli, V., Sarchiapone, M., Al-Halabi, S., Apter, A., Balazs, J., Bobes, J., Cosman, D., Farkas, L., Feldman, D., Fischer, G., Graber, N., Haring, C., Herta, D. C., Iosue, M., Kahn, J. P., Keeley, H., Klug, K., ... Poštuvan, V. (2012). Suicide prevention for youth-a mental health awareness program: lessons learned from the Saving and Empowering Young Lives in Europe (SEYLE) intervention study. *BMC public health, 12*, 776. https://doi.org/10.1186/1471-2458-12-776

Wasserman, D., Carli, V., Wasserman, C., Apter, A., Balazs, J., Bobes, J., Bracale, R., Brunner, R., Bursztein-Lipsicas, C., Corcoran, P., Cosman, D., Durkee, T., Feldman, D., Gadoros, J., Guillemin, F., Haring, C., Kahn, J. P., Kaess, M., Keeley, H., Marusic, D., ... Hoven, C. W. (2010). Saving and empowering young lives in Europe (SEYLE): a randomized controlled trial. BMC public health, 10, 192. https://doi.org/10.1186/1471-2458-10-192

Wasserman, D., Hoven, C. W., Wasserman, C., Wall, M., Eisenberg, R., Hadlaczky, G., Kelleher, I., Sarchiapone, M., Apter, A., Balazs, J., Bobes, J., Brunner, R., Corcoran, P., Cosman, D., Guillemin, F., Haring, C., Iosue, M., Kaess, M., Kahn, J. P., Keeley, H., ... Carli, V. (2015). School-based suicide prevention programmes: the SEYLE cluster-randomised, controlled trial. *Lancet (London, England), 385* (9977), 1536-1544. https://doi.org/10.1016/S0140-6736 (14) 61213-7

Westefeld, J. S., Button, C., Haley, J. T., Kettmann, J. J., MacConnell, J., Sandil, R., &

Tallman, B. (2006). College student suicide: a call to action. *Death studies, 30*(10), 931-956. https://doi.org/10.1080/07481180600887130

Wiglesworth, A., Abate, J. P., & Klimes-Dougan, B. (2021). Suicide Prevention Public Service Announcements. *Crisis, 42*(6), 448-454. https://doi.org/10.1027/0227-5910/a000744

Yao, Y., Dong, F., & Qiao, Z. (2023). Perceived abusive supervision and graduate students' suicidal ideation: from the perspective of interpersonal psychological theory of suicide. *BMC psychology, 11*(1), 80. https://doi.org/10.1186/s40359-023-01136-z

第4章
ハイリスク学生の自殺の危機に対応する

　この章では、危険因子を有する学生や、特定の学生に対象を絞り、その学生たちの自殺のリスクや危機に対応したり介入したりするための対策として、ゲートキーパー養成研修、大学独自の危機対応ガイドライン、ハイリスク学生のスクリーニング、専門家による学生相談、各相談機関や学内組織との連携、物理的対策の6つの対策を取り上げます。

1　ゲートキーパー養成研修

(1) ゲートキーパーとは

　自殺予防におけるゲートキーパー（Gatekeeper: GK）とは、「悩んでいる人に気づき、声をかけ、話を聞いて、必要な支援につなげ、見守る」門番のことをいいます（厚生労働省, 2013）。初めて自殺予防の文脈でGKを定義したSnyder（1971）は、GKの哲学を「悩みを抱えた人々が助けを求めるときに通る、コミュニティの中でよく踏まれた道[13]を特定しようとする危機管理のアプローチ」であるとし、自殺の問題や精神科的な問題は、コミュニティの中の助けを求めるルートが不十分か機能不全に陥っているのだと説明しました。また、GKは「悩みを抱えた人々が助けを求める相手」を指す中立的な表現ですが、医師や聖職者のような職業ではない人でも自殺を考える人の助けとして重要であると、GKの援助の力を信頼し、尊重しました。

13　Snyderが「踏まれた道」と表現しているのは、次の例え話から論を展開しているからです。いわく、メキシコ大学の建物が完成したとき、道は舗装されておらず敷地全体には芝生がひかれていました。学生が学内をあちこち行き来してよく踏まれた道が明らかになってから、大学は歩道を舗装しました。このアプローチは、事前に大学が学生たちの歩くべき道を決め、学生に「彼らのいるべき場所」に留まらせようとする北米スタイルと対照的であると言います。

　他方、日本の GK 戦略が「誰もが」GK の役割を果たせると啓発していることについて、末木（2020）は本質的ではないとし、自殺予防効果が示されているキーパーソンが GK となれるような対策を進めるべきであると指摘しています。GK プログラムの１つ、SafeTALK を提供している団体 Living Works の Turley（2018）は、Snyder の GK の哲学を引いて、自殺予防ではできる限り適切に準備されたインフォーマルなケアのネットワークに参加しながら、必要に応じて専門的な支援への参加にも開かれていることが、理想的なバランスであると述べています。実際に SafeTALK は 16 歳以上のあらゆる人を対象としています。

　大学においては、自殺を考える学生が助けを求める道のりの見晴らしや見通しを良くし、その道のりのところどころに、適切な案内人を置くようなイメージで、特に学生に対応する教職員や、他の学生にかかわるリーダー学生が GK の視点をもって学生の自殺リスクを早期発見し、学内外の支援者につなぐまでの過程で適切な対応をとれるようにすることが求められます。

(2) ゲートキーパー養成研修とは

　GK を養成するために、自殺の問題や自殺を考える人とのかかわり方についての知識やスキルを学ぶための実践的な研修が行われています。国際的に標準化されて、大学でも実施されている GK 養成研修には、オンラインを主とする QPR（Mitchell et al., 2013）、アバターで行うシミュレーション研修 Kognito（Rein et al., 2018; Millman et al., 2022）、ワークショップ形式の SafeTalk（Mellanby et al., 2010）や ASIST（Applied Suicide Intervention Skills Training）（Shannonhouse et al., 2017）があります。それぞれ研修を受けた直後や 3 〜 6 ヵ月後まで、GK としての知識や態度、スキルなどに改善の効果が示されています。

　また、オーストラリアで開発されたメンタルヘルス・ファーストエイド（心理的応急措置：MHFA）は、通常 12 時間でうつや不安、依存、自殺を含む危機的状況に陥った人々をサポートできるようになるためのトレーニングです。メタ分析による効果検証によって、精神障害の認識や適切な治療に関する信念の向上、スティグマの緩やかな減少、メンタルヘルスの問題を抱える人への援助に関する自信の向上といった効果が示されています（Kitchener & Jorm, 2008;

Morgan et al., 2018)。MHFA の自殺に特化した＋4 時間コースでは、自殺を考える人の話を聴いて専門家につなぐまでの対応を学ぶことができ、受講者の自殺の知識や対応の自信を高め、スティグマを減少させ、自殺を考えている人に適切な対応（専門的な支援を受けることを促す、自殺について直接尋ねるなど）をとった割合が増加していました（Bond et al., 2021）。

　MHFA は、精神科医の大塚耕太郎を中心に 2007 年から日本にも導入されました。国が推奨する GK 養成にもその要素が取り入れられ、主に自治体が GK 養成研修を開催する形で今日に至ります。Yonemoto et al.（2019a）によれば、47 都道府県、20 政令指定都市の全ての自治体が GK 養成に関する情報を有し、そのうち 80 ％以上は特定のウェブページをもっていました。課題とされているのは GK 養成プログラムの効果検証です。多くの自治体では研修の開催報告のみであり、8 都道府県を除いて、研修によって自殺予防に寄与する結果

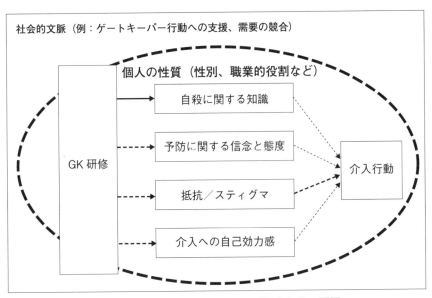

図 4-1　GK としての介入行動に影響を与える要因

バンデューラ（2001）に基づく
矢印の太さは、エビデンスの強さを表す。直線の矢印は関係性に関する強固なエビデンスが存在し、破線の矢印はいくつかのエビデンスがあるか、混合したエビデンスがある。点線の矢印はこれらの関係を示すエビデンスに乏しい。
Burnette, Ramchand, & Ayer（2015）を筆者翻訳。

表 4-1　GK 研修の効果測定に使用できる尺度

内容	尺度と論文
知識	日本版自殺の知識尺度（LOSS-J）（高橋他，2021）
スキル	自殺の危機介入スキル尺度（日本語版 SIRI）（川島・川野，2010）
知識・スキル	自殺予防ゲートキーパー知識・スキル評価尺度（小髙他，2022）
態度	自殺に対する態度尺度（ATTS）日本語版（Kodaka et al., 2013）
態度・抵抗感	日本語版 ATTITUDES TO SUICIDE PREVENTION SCALE（ASP-J）（川島他，2013）
スティグマ	自殺に対するスティグマ尺度日本語版（SOSS）（川本他，2019）
自己効力感	自殺予防におけるゲートキーパー自己効力感尺度（GKSES）（森田他，2015）

その他、研修受講後に学生の相談に乗ったかどうか、自殺を評価したかどうかなど、ＧＫとしての行動や、学生側の相談行動などをあわせて評価することが重要である。

がどのくらい得られたのかほとんど報告されていなかったことが明らかとなっています。

　GK 養成研修の効果指標には、受講者の GK たりうる知識や態度、適切な対応スキル、対応するための自信といった変化が、中間的な評価としてよく使われています。Burnette et al.（2015）のランド研究所は、バンデューラの社会的認知理論にもとづいて、研修が実際の行動につながることを説明する理論モデルを提唱しました（図 4-1）。これらの効果指標をもってしても、GK 養成研修が、援助要請行動や自殺行動などに与える効果については現在のところ不明瞭です（Lipson et al., 2014; Yonemoto et al., 2019b; Pistone et al., 2019）。日本でもこれらの指標を測定する心理尺度が開発されているため（表 4-1）、大学で GK 養成研修を実施する場合は、効果測定を継続することが重要です。

(3) 大学の教職員が学ぶべき対応は

　そもそも教職員は、どの程度学生の自殺の危機に遭遇し、対応することがあり得るでしょうか。実は、当事者が希死念慮を相談した相手に大学の教職員はほとんど挙がりません。18 〜 29 歳の男女 14,555 人が回答した日本財団（2023）の意識調査では、44.8 ％に希死念慮をもった経験があり、そのうち半数以上は

誰にも打ち明けておらず、打ち明けた人の相手は友人・同級生（12.4％）、母親（11.7％）、恋人・元恋人（7.8％）、SNS上で知り合った人（4.5％）でした。また、希死念慮経験の有無別に大学生に希死念慮を抱いたときの相談相手として、相応しさを回答させた場合でも、親、友人、病院の先生、カウンセラーに比べ、学校の先生は相応しくないと考えられています（足立他、2014）。しかし牧田他（2023）では、調査回答の得られた文系私立大学の一般教職員58名のうち11名（19％）が、学生の自殺念慮に対応した経験がありました。

　これまでの知見から、教職員は当事者から打ち明けられて対応しているというよりも、不意に遭遇する形で自殺の危機に対応している（もしくは必要に迫られる）可能性があります。NPO法人OVA（2023）は、過去3年以内に小学生以上の未成年者の自殺の危険に職場などで遭遇した大人の体験を調べました。調査対象者のうち24.3％が子どもの自殺の危険に直接的・間接的に遭遇し、最も多いのは教員など学校に何らかの形で従事していた大人でした。そして、自殺の危険との遭遇は、面談のような機会だけではなく、校舎や学校外のあらゆる場における日常的なかかわりで、ふと話される、見かける、といった形で多く起きていることが明らかになりました。

　学生と教職員間でも同じような可能性が考えられます。授業を受ける学生の様子や授業の感想などから、修学上、気になる学生として認知され、教職員から何らかのアプローチをしたところ、心配になる反応が返ってきて、対応の必要性が顕在化するという順番です（例：欠席が多い学生にメールをしたところ、一日中起きられないで鬱々としている、と夜中に返信があった）。このような状況や反応を学生の危機と捉えられるかどうかや、落ち着いて対応の方向性を検討できるかどうかは、GKの視点をもっているかどうかに懸かってきます。そのため、学生の危機を表すサイン、遭遇したときに推奨される対応、学内での情報共有や専門家へのつなぎ方を中心に、事前準備と実際の場面を想定したシミュレーショントレーニングが必要です。

(4) 大学で実施するゲートキーパー養成研修

　GK養成研修は、比較的短時間での実施が可能です。厚生労働省（2013）が発行している『ゲートキーパー養成研修用テキスト』には、プログラムのスケ

ジュール例が提示されており、2日間のフルバージョンもありますが、1〜3時間で実施できるコース構成もあります。一度の研修に多くの内容を詰め込むよりは、繰り返しの実施によって参加者の学びが促進される可能性が示唆されています（遠藤，2014; 髙橋，2021）。教職員と学生に1.5時間のGK研修を実施したCimini et al.（2014）でも、3ヵ月後には研修効果が顕著に低下していたことから、ブースターセッション（効果を高めるための追加の研修実施）を推奨しています。

■ 北海道大学での実践例

教職員に対してGK養成研修を実施して成果を報告している北海道大学の取

表4-2　北海道大学で報告されているゲートキーパー養成研修のプログラム（150分）

内容	強調されるポイント
日本の大学生の自殺やうつに関する情報（30分）	1. 自殺は大学生の死因の第1位であること 2. 自殺で亡くなった大学生の多くが大学からのメンタルヘルス支援を受けていなかったこと 3. うつと自殺の関連 4. 自殺を考える学生のリスク要因と兆候
自殺に対応するスキルの実践講義（30分）	1. 大学におけるゲートキーパーの重要性 2. MHFAの5つの要素（ゲートキーパーの基本スキル） 　a. 自殺や自傷のリスクをアセスメントする 　b. 評価せずに傾聴する 　c. 安心と情報を与える 　d. 専門的な援助を受けるように促す 　e. セルフ・ヘルプを促す
ビデオ視聴（20分）	大学の就職支援課に訪れた自殺念慮を抱える学生に職員が対応する。良い対応と悪い対応の正反対のシナリオがある。
ロールプレイ（70分）	参加者は3〜5人の小グループで、3つの役割（学生、職員、観察者）を交替で割り当て、3分間のロールプレイを行う。それぞれのセッション後、参加者同士でロールプレイについて話し合う。各グループに1人のファシリテーターが割り当てられ、ロールプレイとディスカッションをサポートする。

Hashimoto et al.（2016）のTable.1を筆者翻訳。

り組みを紹介します。Hashimoto et al.（2016）は、GK 養成を北大の教育支援や学生生活支援の課に所属する職員 76 名を対象に実施しました。参加者はメールなどで個別に募集されました。プログラムは、MHFA に基づいて開発され、大学病院の精神科医師が講師を担当しています。実施内容は**表 4-2** の通りで、日本でよく実施されている標準的な研修内容です。

　参加者はプログラム前、直後、１ヵ月後の３回、自己記入式のアンケートに回答しました。その結果、自殺念慮のある学生への危機介入スキル、対応する自信、自殺念慮のある学生に対応する際に推奨される GK としての行動の遵守（行動意図）が統計的に有意に向上し、１ヵ月経っても効果が維持されていました。また、実際に参加者の３分の１にスキルを活用する機会が１回以上あり、心理的な効果が実際の行動に結び付く Burnette et al.（2015）のモデルを支持する結果が得られています。

　Hashimoto et al.（2021）は教員への研修結果も報告しました。この研究では81 人の大学教員を２群に分け、63 人には一般的なメンタルヘルスに関する講義（日本の大学生のうつや自殺に関する事実、北海道大学の自殺対策、GK の役割）のみを１時間行い、18 人には MHFA に基づいた GK 研修を行いました。このときの GK 研修の内容は先ほど紹介した**表 4-2** と同様のもので、各グループのロールプレイには保健管理センターの臨床心理士がファシリテーターを務めています。その結果、GK 研修を受けた参加者のほうが、研修後に自殺を考える学生に対するコンピテンシーや自信、GK としての行動意図が向上しました。

■ **実施方法**

　以上のように構造化された研修は、教職員を対象とした FD・SD 研修として実施できます。GK 養成研修の講師は、地域では保健師や心理士／師、あるいは精神科医が担当することが多いため、学内にそれらの専門職が配置されている場合には、学内の体制や学生の性質を熟知した上で具体的な研修を展開することができ、学内連携を促すことにもつながります。学外（自治体、医療機関、他大学、研修機関など）の専門家が講師を務める場合は、他の地域や大学で行われている取り組みを知ることができ、新たな視点や学外連携のきっかけが生まれることにつながります。どちらも一長一短ありますが、国内の自殺予防

に関する専門家は限られていること、GK 研修は繰り返し実施することが重要であるため、地域の精神保健福祉センターや保健センターなどと連携し、持続的な研修体制を検討する必要があると考えられます。例えば自治体のほうから大学に研修を実施している例も報告されています（宮城県、大阪府、長崎県、佐賀県など）。

　拘束時間の長いプログラムは、教職員の参加率低迷も懸念されます。その場合は、自習できる教材や動画を事前に案内し、集合研修はロールプレイなど対面ですべきものに限定して、できるだけ短時間にします。小嶋（2019）は、大学と高等専門学校の教員向けに GK の小冊子と約 15 分間のロールプレイ場面の動画教材を作成し、自習後に教員の GK としての自己効力感の向上を確認しました。このように短時間でも中短期的な効果は得られるため、研修時間がとれないときは教授会の前後 10 分程度の時間を使った簡単な解説でも意味があります。大学生の自殺予防研究班では、10 ～ 15 分程度で GK について紹介できるスライド教材『大学生の自殺を防ぐ―教職員にできること』を公開（https://jacmh.org/document.html）し、自由な活用を促しています。

■ 学生を対象とした研修

　GK 養成研修の対象者として、ピアである学生の存在を忘れてはいけません。自殺念慮や希死念慮を相談する相手としては友人の可能性が最も高いものの、田中他（2020）が愛知教育大学 2 ～ 4 年生 1,727 人に実施したアンケートでは、「深刻な相談を受けたことがない」と回答した学生が 87.8％に上り、学内での相談環境が整っていないことや、親密な関係性の中での相談経験が積めていないことを示しました。まさに本節の冒頭に取り上げた、助けを求めるための踏まれた道が明らかになっていない状況が推測されます。

　学生を対象にした GK 養成研修は、教職員向けの研修と同様に学生のコンピテンシーを高める有用性が示唆されています（Kiran et al., 2023）。Cecchin et al.（2022）は、GK 養成研修の対象者がボランティアやピア・カウンセラーの学生の場合に、自殺の知識や自己効力感の増加などの短期的効果があったことに注目しています。また、学生が学生に対してピア・エデュケーションの形でGK 研修を提供する取り組みも、知識や自己効力感の向上に有用である可能性

があります（Muehlenkamp & Quinn-Lee, 2023; 樋口他, 2024）。

　学生に GK 養成研修を行った場合は、学生から心配な学生について教職員に対する相談が増加する可能性があります。むしろそれが望んでいる効果なわけですが、相談された教職員が適切に対応できるようにするためにも、GK 養成研修は教職員に実施してから学生に実施するほうがよいと考えられます。

ゲートキーパー養成研修 ● まとめ

- ゲートキーパーは、学生が助けを求めるルートが機能するようにするための危機管理アプローチ
- ゲートキーパー養成研修によって、受講者のゲートキーパーに関する知識、態度、スキル、自己効力感、自殺のテーマに対する抵抗感が改善する可能性がある
- 日本ではメンタルヘルス・ファーストエイドを軸にした研修が行われている
- 研修のもたらす効果は短期〜中期的なものしか確認されていないため、短時間でも研修を繰り返し行う

2　大学独自の危機対応ガイドライン

(1) 自殺予防対策におけるガイドライン

　自殺対策を強力に推進するための手立てとして、ガイドラインや手引きの策定があります。自殺関連で最も有名な 1 つに、自殺報道のガイドラインがあります。これは自殺が起きたときに望ましい報道や悪影響をもたらす報道についてメディア関係者の注意を促し、安全な報道の仕方を選択するのに役立ててもらうために普及してきました。小中学校や高校では、文部科学省によって『教師が知っておきたい子どもの自殺予防』や『子供の自殺が起きたときの緊急対応の手引き』が公開され、学校一丸となって子どもの自殺予防に取り組むことが推奨されています。

　大学や学生を対象とした自殺予防のためのガイドラインや手引きについては、冒頭でも示したように国立大学保健管理施設協議会（2010）『大学生の自殺対策ガイドライン 2010』、そして日本学生相談学会（2014）『学生の自殺防止

のためのガイドライン』があります。この２つのガイドラインは、保健管理施設や学生相談室の教職員を対象としたもので非常に有用ですが、一般教職員向けとはいえません。そこで大学教職員用に独自のガイドラインやマニュアルを作成し、事前の啓発資料または危機対応時に参照できる資料として、教職員に提供するニーズが高まっています。

　ただし各大学の取り組みについては、公開情報にたどり着きにくい傾向があります。大学の危機管理マニュアルに自殺への危機対応が含まれる場合を除き、独立したマニュアルはウェブ公開されているものがほぼ見つけられません。これは公開できない学内情報が含まれているか、在学生にマニュアルを公にしにくいためかもしれません。実施状況調査のデータからは、自殺の危機対応マニュアルの配付等を自殺対策として過去に実施したことがある大学・短大は併せて７校あり、そのうち日本学生相談学会のガイドラインを配付していたのが３校、独自のガイドラインやパンフレットを作成していたのが４校ありました。また、2020年度に実施中であると報告した大学は国立大学で3.5％、公私立大学で2.6％あり、いまだほとんど行われていない取り組みであると考えられます。

　大学独自のガイドラインやマニュアルの存在は、これまで述べてきた啓発、相談窓口の周知、教職員にできるGKとしての取り組みなど、学生の自殺予防において重要な内容を凝縮して教職員に伝えることを可能にします。また制作過程では、学生の自殺危機や自殺企図が起きたときに、組織としてどこがどのように対応するのか交通整理も必要となります。結果として、ガイドラインやマニュアルの制作作業それ自体が、学内の合意形成を後押ししたり、自殺予防の方針を検討したりする環境づくりにもなるといえます。したがって、上記のガイドラインや国や自治体が公開しているマニュアルなどを参考に、各大学固有のものをつくることは対策の第一歩となるでしょう。

(2) 諸外国のガイドライン

　大学独自のものをつくる際に、参考にできるガイドラインとして諸外国が発行しているものをいくつか見てみましょう。全て公開されているため英語が得意な方は原本にあたってください。

■ SUICIDE-SAFER UNIVERSITIES

2022 年に、イギリスの 140 大学が参加している組織 Universities UK と、若者のための自殺予防団体である PAPYRUS が協働し、学生のための安全な大学づくりのためのガイドライン "SUICIDE-SAFER UNIVERSITIES"（自殺の危険のない大学）を公開しました。目次と概要を**表 4-3** に示しました。このガイドラインは全 36 ページから成り、一つ一つの内容は 1 〜 2 ページと非常に簡潔にまとめられています。特色として、デザインが洗練されていて読みやすい点がまず一番に挙げられますが、ウスター大学、ブリストル大学、ウルヴァーハンプトン大学、カーディフ大学の事例や、PAPYRUS の提供している研修など、事例が多く紹介されています。また、実際に自殺を考えた学生がガイドラインのために声を寄せているのが非常に特徴的です。大学における自殺予防対策は、大学に在籍する専門職だけが実施するものなのではなく、あらゆる教職員や学生をも巻き込むべきものである、と考えられていることがガイドライン全体から伝わります。

表 4-3　"SUICIDE-SAFER UNIVERSITIES" の目次と記載内容例

背景	・自殺の統計（例：2016-17 年の間にイギリスで自死した学生が少なくとも 95 人いる）
自殺について わかっていること	・誰かに自殺を考えているかどうかを尋ねることは、自殺のリスクを生んだり増やしたりしない。 ・性別の学生の自殺率（女性 2.8、男性 6.7）
神話と事実	・自殺を考えている人は死ぬことを決めていて、いつも死にたいと思っているという神話。
自殺の要因と リスク	・精神的苦痛を増加させる要因 ・自殺リスク ・高い自殺リスクを抱えたグループ
学生のメンタル ヘルス	・精神的問題の 50 ％が 14 歳までに、75 ％が 24 歳までに起こること ・私たちにできるアプローチ
自殺の安全方略を 策定する	・包括的な方略の重要性 ・計画と見直しのサイクル

誰が方略の開発にかかわるのか？	・幅広いコミュニティ、福祉チーム、生きた経験者（学生や保護者）、地域資源
一次予防（プリベンション）	・自殺を計画したり試みたりする前に、自殺念慮をもつ学生をキャッチすることが目的。 ・メンタルヘルスの向上 ・啓発 ・利用できるサービスの提供 ・特定の問題解決方略の実行
危機介入	・高リスクの学生の発見 ・教職員や専門職員に行う研修 ・ガイドラインの提供 ・PAPYRUS の提供しているトレーニング
ポストベンション	・遺族に連絡をとること ・影響を受けた学生や教職員への支援 ・ポストベンションのためのリソース ・留意点
チェックリスト	・自殺の危険がないことを組織の優先事項とする。／包括的なメンタルヘルス方略の明確な要素として、自殺安全戦略と行動計画を策定する。 ・このような集団における自殺に関するより広範なエビデンスや研究を活用する。 ・医療セクター、民間セクター、地方自治体、特に地域の自殺パートナーシップなど、地域や国のパートナーとの強いつながりをつくる。など
付記	・用語集／有用なリソース／自殺に関する言語 ・自殺の安全方略の推奨テンプレート／「あなたのコミュニティの支援者」推奨テンプレート／対策のための指針

■ sharing information with trusted contacts

　Universities UK と PAPYRUS は 2022 年 10 月にも、学生がメンタルヘルスの危機に陥ったときに、大学がいつ誰と連絡をとればよいのか、情報共有の方針を決定するための分冊 "sharing information with trusted contacts"（信頼できる連絡先の情報共有）を公開しています。このガイドラインは、教職員はもちろん学生や保護者など、「自殺の危険のない大学」にかかわる全ての人のために公開されています。キーメッセージは、学生が自分自身のケアについて

意思決定する中心にいることを確認し、安全が阻害されたり危機的になったりしたときに、家族、支援者、信頼できる連絡先などを含めて、誰に関与してほしいのかを事前に明らかにすべきである、ということです。また、大学はその連絡先をどのように利用するのか学生とオープンに話し合い、学生の同意が得られないときは、大学の方針に従った適切な対応方法をとることができます。

　学生が自殺の危機に陥ったときに、大学は保護者や保証人、緊急連絡先に連絡や情報共有を試みることが多いと思います。しかし、このガイドラインでは、学生が誰に連絡をしてほしいのかを主体的に決定して事前に話し合うことを推奨しています。学生の信頼できるサポーターが誰なのかを特定することは、GK のアプローチとも合致します。

■ Talking about suicide-A guide for university staff

　慈善団体 Charlie Waller Trust が、PAPYRUS と Universities UK、専門家と協働して作成した "Talking about suicide-A guide for university staff"（自殺について話す－大学職員のためのガイド）は、大学教職員が自殺について学生と話すための情報が凝縮された 15 ページのガイドラインです。自傷行為や自殺念慮についての解説、心配な学生に気づいたときに推奨される対応、リスクアセスメント、事例、緊急時の相談窓口などがまとめられています。このガイドラインには、総合大学より小さいカレッジ版もあります。

■ JED'S COMPREHENSIVE APPROACH TO MENTAL HEALTH PROMOTION AND SUICIDE PREVENTION FOR COLLEGES AND UNIVERSITIES

　ニューヨークの JED 財団は、全米約 350 大学と提携して、若者のメンタルヘルスや自殺予防に関するアプローチを行う非営利団体です。JED の策定したガイドライン「大学向けのメンタルヘルス促進と自殺予防に対する JED の包括的なアプローチ」は、公衆衛生の観点から 7 領域の包括的アプローチを、エビデンスに基づいて詳しく説明するものです（MacPhee et al., 2021）。

　①ライフスキルを促進する
　②社会的なつながりを促進する

③危険にさらされている学生を特定する

④援助要請行動を増やす

⑤メンタルヘルスおよび薬物乱用に対する支援を提供する

⑥危機管理の手順に従う

⑦致死性の高い手段へのアクセスを制限する

　この包括的なアプローチの端緒は、アメリカ空軍の自殺を防ぐために定められた自殺予防計画でした。JED は、自殺予防リソースセンター（SPRC）と協働してこの包括的アプローチを開発し、JED キャンパスプログラムを各大学に提供しています。

(3) ガイドラインの開発と効果検証

■ ガイドライン or 手引き or マニュアル？

　ガイドライン、手引き、マニュアルのような言葉の使い分けは、論点の 1 つです。アメリカでもメディアによる自殺報道について、関係者に向けたメッセージを「ガイドライン」と表現するのか「提言」と表現するのか、どちらがより効果的に活用してもらえるタイトルなのか、自殺予防の専門家とメディア関係者で議論して決定しました（Reidenberg, 2017）。日本ではガイドライン／ガイドブック、手引き、マニュアルなどの類語がありますが、一般的には、ガイドラインが方針・指針を示し具体的な行動は読者にある程度ゆだねられるものであるのに対し、手引きやマニュアルはより具体的な手順や行動を示したものを指します。またガイドラインの方が読者への要求が強く、手引きやマニュアルの方が必要に応じて参照するものという柔らかい印象があるかもしれません。このような言葉遣いの違いで、想定している対象者にとっての読みやすさや活用のしやすさは変わるため、タイトルも多様な立場から話し合うことは重要です。

■ 当事者の意見の取り入れ

　文献から得た知見や、専門家のコンセンサスを得て作成されるものが多いと思いますが、当事者の声を反映することをもっと考えるべきでしょう。オース

トラリアの Hill et al.（2019）はデルファイ法を使って、急性期医療施設で自殺傾向のある患者に対応するスタッフのために、危機対応とケアのためのベストプラクティスのガイドラインを制作しました。文献やインタビューからスタッフがとりうる行動を 525 項目作成した後、医療従事者と同等に自殺に関する当事者経験をもつ対象者の意見を重視し、両者から 80 ％以上のコンセンサスを得られた 420 項目を採用しました。各大学がここまでの労力をかけて制作することは現実的ではありませんが、少なくとも専門家のコンセンサスや活用する教職員だけでなく、学生の視点とニーズを取り入れることは忘れずに行いたい点です。

■ ガイドラインの配布で終わらせない

　さらに重要なのは、ガイドラインを作成して配布して満足しないことです。既存の学生対応ガイドブックから自殺予防のための要件について検討を行った佐藤・影山（2007）は、「ガイドブックを機械的に配布するだけでは有効に機能しない」と指摘し、①配布時の教職員研修、②教職員のコンサルテーション活動、③継続的な改訂とアンケート調査の実施の 3 要件を満たすように提案しています。ガイドラインが有効に機能するようにするには、継続的に教職員の意見や意向に耳を傾け、より良いものに改訂していく作業が必要不可欠です。

　さらに、これらのガイドライン活用が普及することによって、大学全体にどのような効果があるのかを検証していく必要があります。中学・高校では文部科学省発行の『教職員のための自殺予防ガイドライン』が実際に教職員に認知され、活用されているのかを調べた報告が存在します（清水他、2014）。大学では筆者も参加しているワーキンググループでガイドラインを作成し、教職員向けの説明会を開催し、アンケートを行ってガイドラインの改善点を検討しています（牧田他、2023）。このように大学で独自作成したガイドラインがいかに活用され、実際に教職員の知識や活用機会にどのような効果が得られているのか、定期的に調べていくことが重要です。さらに、教員の対応件数、気になる学生をキャッチできたかどうかなど、自殺予防に寄与しているかどうかまで含めて検証していくことが今後求められます。

> **大学独自の危機対応ガイドライン● まとめ**
>
> - 大学における自殺対策や危機対応のためのガイドラインを独自に作成することは、学内や教職員の自殺対策を推進するために重要
> - 国内外の既存のガイドラインを参照しつつ、大学独自の危機対応マニュアルを作成することができる
> - 作成した後は単に公開、配布するだけではなく、説明会を開催する、アンケートをとるなどして、活用しやすいものに改訂していく

column 04

大学生と大学院生の自殺予防の違い

　大学院を置く大学は657校あり、令和5年度の院生数は266,011人（女性32.8％）です。大学生と院生は置かれている環境が全く異なるため、大学生と院生は区別しなければなりません。

　まず人間関係やコミュニティの変化です。院生は学部生と比較して同級生が少なくなります。研究に専念するために部活などに所属しない人が増え、ネットワークが小さくなる傾向にあります。切磋琢磨できる研究仲間や親密な友人を得る機会になる一方で、対人関係の摩擦が生じやすかったり逃げ場がなくなったりしやすいと考えられます。また大学時代までの友人が就職、結婚・育児などライフステージを変化させていくのに対して、学生という立場で十分な収入がない状況に周囲の理解が得られず後ろめたさを抱く院生は少なくありません。

　また学業から研究（という労働）重視に移行します。指導教員からの指導は濃く時間は長く、基準も厳しくなるでしょう。学会や共同研究に参加する機会とともに縦の関係性が増加するため、ハラスメントに遭うリスクが高まるのも院生の特徴かもしれません。

　やるべきことを継続して成果を出さなければならず、何かに追われる切迫感や重圧感をもちやすくなります。それまで集団の中で優秀だった人ほど、自分自身の限界に直面して挫折感を味わうこともあるかもしれません。夜や休日を賭して努力し、生活にリズムがつけにくい点に私も苦労しましたし、抑うつ的

にもなりました。院進して初めて得られる経験や成果、評価によって達成感を感じられる場面ももちろんあるのですが、大学院は大学よりも「所属感の減弱」や「エントラップメント」「敗北感」を相対的に生み出しやすい環境だと考えられます。

　そのため、院生に対しては全学的な対策と並行して小中規模のコミュニティで取り組む対策が重要でしょう。例えば全学的には研究支援と、アカデミック・ハラスメント対策や規則正しい生活リズムをつくる支援などを行います。研究室や研究科単位では、孤立を防ぐ交流の機会、論文や研究という成果とは別の観点でもらえる肯定的評価、多様な教職員からの日々の支持的なかかわりが非常に大切であると考えられます。

3　ハイリスク学生のスクリーニング

(1) 大学におけるスクリーニングの実施状況

　何百、何千、何万といる学生のうち、早期に支援が必要な学生や自殺のリスクにつながりかねない精神状態にある学生を特定することは、学生に必要な支援を優先して届けるために重要な取り組みの１つです。日本の大学の多くは、学生に対する定期健康診断の際に精神的健康の臨床評価尺度を用いる形でのスクリーニングと、医師や保健師、心理士などとの面接を組み合わせて実施しています。

　使用されている評価尺度は、1966 年に開発された UPI が広く用いられている他、うつや精神的健康を測定するものが主要です（**表 4-4**）。直接的に自殺

表 4-4　大学がスクリーニングに使用している精神的健康の尺度・質問内容の例

尺度・質問項目	内容
UPI	自覚症状 56 項目と陽性項目 4 項目、2 件法で回答
PHQ-9	9 項目 4 件法、0 〜 27 点、5 点以上から軽度うつ
K6/K10	6 項目または 10 項目 5 件法、0 〜 24 点または 0 〜 40 点
CMI 健康調査票	身体機能と精神症状、項目数は男女で異なり約 210 項目
SDS（自己評価式抑うつ尺度）	20 項目 4 件法、20 〜 80 点

念慮や自殺リスクを測定する尺度を活用していることはまれで、尋ねる項目は
PHQ-9（Patient Health Questionnaire-9）の項目9（死んだ方がましだ、あるいは
自分を何らかの方法で傷つけようと思ったことがある）のように、含まれていて
も質問1項目程度です。その他大学によって、希死念慮の有無、ストレス、発
達障害傾向、生活習慣などの内容がアレンジされています。

　スクリーニングについて議論されていることの1つは、支援につなげるため
の得点基準です。足立他（2017）は大阪大学の新入生健診でUPI、K6、レジリ
エンスを測定する尺度をマークシートで回答する方式でメンタルヘルスチェッ
クを行い、2014〜2016年度の新入生約1万人の回答を分析しました。その結
果、毎年一定の割合でハイリスクの学生が存在し、UPIは30点以上で8.0〜
8.9％、K6は10点以上で13.0〜13.5％の学生をスクリーニングでき、早期支
援の対象としうることを示しました。また武田他（2017）は北海道大学の2ヵ
年の健康診断で、PHQ-9に回答した延べ約17,000人の回答を分析し、アルゴ
リズム診断で大うつ病と判定される割合とPHQ-9の得点を照合しました。そ
して、もともと受診を勧奨していたPHQ-9が15点以上という基準だけでは
大うつ病と判定される学生の約4分の1が除外されることや、自殺念慮の回答
結果が反映されていなかったことから、PHQ-9によるスクリーニングでは10
〜14点かつ自殺念慮を尋ねる項目9が2点以上とされる学生も含むべきであ
ると結んでいます。Sugawara et al.（2023）は医学1年生のUPIの回答を項目
反応理論で分析し、UPIはストレスが軽〜中度の場合には精度が高いものの、
ストレスが極端な場合には精度が低くなる可能性を示しました。

　以上から何に焦点を当てるのかに合わせてスクリーニング尺度を選んだ上
で、尺度に定められているカットオフ値については今一度吟味し、学生の実情
と、スクリーニングに伴う支援内容や人員の数などから、基準を決める必要が
あります。少なくとも1つの基準で学生をスクリーニングするのではなく、複
数の条件をもって支援が必要な学生を検討することが重要です。

(2) スクリーニングに伴う支援

　大学ではスクリーニングの後に、専門家による面接に呼び出されるスクリー
ニング面接の形がとられることが多いです。しかし、このような呼び出し型の

面接には疑問も挙がっています。スクリーニング（screening）には「ふるい分ける」という意味があり、学生の視点からすると、受診勧奨や面談の呼び出しを受けることは「自分は他の学生と違うというレッテルをはられた」と思わせる性質をはらんでいます。田所（2018）はスクリーニング面接が有効なメンタルヘルス対策にはなっていないとして、呼び出しに応じない学生が多いこと（対象者のうち来談率 55 ％）、継続的なフォローにつながりにくいこと、呼び出しによって学生のスティグマを助長している可能性を指摘しました。確かに、「学校や教職員から来るように言われる」こと自体、ほとんどの人は「何かやらかしただろうか？」などと体が緊張し、ネガティブな体験を想像するのではないでしょうか。

　産業現場でも今は自殺予防のためのストレスチェックが組み込まれていますが、労働者の健康診断にうつ病のスクリーニングを導入する副作用について、企業の状態や時代背景によっては（特に不況時代においては）、本人へのケアではなく本人を除外する方向に進んでしまう危険性があるとし、スクリーニングは職場の改善という事後措置とともに運用されるべきだと指摘されています（廣，2012）。では、大学は何を目的としてどのようにスクリーニングとその後の支援を実施すべきなのでしょうか。

　スクリーニングと組み合わせて行う対応の工夫は、各大学で報告されています。スクリーニングとアウトリーチ支援を組み合わせた北里大学相模原キャンパスの取り組みは、様々な工夫と配慮がなされています（山田・守屋，2018）。この取り組みでは、学生に配布する心の健康調査質問紙に、学生相談室への予約方法や予約 QR コードを併記して相談窓口の周知を行っています。そして、得られた K10 の得点や相談室の利用希望に従って学生のカルテを作成し、得点の高い学生から順番に、休み時間と放課後に順次電話をかけました。学生が応答しない場合の基準も設け、架電は 3 〜 4 回までとしています。声掛けはフレンドリーにし、「カウンセラーから確認させてほしいことがある」という伝え方で侵襲性に配慮しました。このような取り組みの結果、スクリーニング対象となった学生 326 名のうち、電話連絡への応答率は 67.8 ％、来談率が50.0 ％、継続相談への移行が 12.9 ％、同年度中の自主来談が 5.5 ％となり、3分の 2 の学生は早期に学内相談機関に一度はつながることができたことになり

ます。

　また、北陸先端科学技術大学院大学でも、留学生も含めた院生の健康診断時のスクリーニングの実践が報告されています（佐々木，2017）。定期健康診断の中に含める問診票は日本語版と英語版を用意し、提出する際にはカウンセラー2名体制による1人3〜4分の問診を含んでいました。問診の中には希望する院生や気になる院生に後日メールする旨を伝え、全ての院生に学生相談のカードも配布しました。K6で13点以上の際には原則2週間以内に面接を行い、それ以外でも気になった院生には1ヵ月後にメールを送っています。

　これらのスクリーニングには、主要目的である早期発見・早期支援以外にも、相談窓口の認知度向上の取り組み、学生の実態把握といった他の側面もあることがうかがえます。田所（2018）の指摘を踏まえるなら、呼び出しではなく全員との問診スタイルを取り入れていくことは有用でしょう。スクリーニング実施組織の位置づけによって容易ではありませんが、スクリーニング結果に関する情報共有が可能な体制をつくり、教職員の注意深い見守りや修学上のフォローに学生をつなげていく仕組みも考えられるかもしれません。

　なお、学生が面談にやってこないのは、援助要請を拒否しているのではなく、自分で解決しようとする学生の自立的な姿勢を表しているというポジティブな見方もできます。そこでストレスチェックのように、学生にはスクリーニングの結果をフィードバックして自己理解に活かしてもらうとともに、セルフケアの情報提供といった啓発的アプローチと組み合わせる介入を検討してもよいと考えられます。スクリーニングの機会によって相談機関につながる学生がいる限りは、その他の取り組みと組み合わせて実施を続けていくことは有意義だと考えられます。

(3) 自殺予防のためのスクリーニングの課題

　多くの大学でスクリーニングと支援が行われている一方で、スクリーニング基準には該当せず、大学の相談機関が関与できぬまま、自殺で亡くなる学生が多数派であることが分かっています（文科省，2021; 2022; Gallagher & Taylor, 2014）。そのため、学内の相談につなぐために現行のスクリーニングをそのまま継続していくだけでなく、自殺予防により効果的であると考えられるスク

リーニング方法も検討していく必要があります。

　現行のスクリーニングの課題として、健康診断以外の時期に精神的健康状態が悪化した学生を発見できないこと、また尺度によっては学生の自殺企図を予測するかどうか明確ではないことが挙げられます。さらにスクリーニングの限界点に自己評価式尺度の欠損と、自殺念慮の隠蔽されやすさが挙げられます。

　まずは欠損についてです。抑うつを尋ねる尺度である WHO-5 の回答に欠損がある者、特に全欠損がある者のほうが、実は自殺念慮の経験リスクが高い可能性が指摘されており、精神的健康状態の悪さのために様々な項目の回答が欠損しやすいと推測されています（平光, 2020）。そのためスクリーニングの欠損値の処理方法によっては、学生がスクリーニング対象者として浮上せず、見落とされることが考えられます。また健康診断に組み込んで行われるスクリーニングの場合、健康診断を未受診である学生もスクリーニング対象から除外されますが、未受診も精神的健康状態の不良を表している可能性があります。この点から、できれば佐々木（2017）の実践のように、問診表を記入している様子や提出内容を誰かが確認し、欠損が生まれないようにすることや、健康診断の受診率を上げる取り組みが必要であると示唆されます。

　次に自殺念慮の隠蔽についてです。大学生の自殺念慮と、自分の弱みや欠点を他者から隠そうとする自己隠蔽傾向には正の相関があります（髙橋・太刀川, 2019）。スクリーニングは匿名にはできないため、学生が大学に自殺念慮を打ち明ける困難は変わらず存在し、強い自殺念慮をもつ学生が回答を欠損したり歪曲したりする可能性があります。そのため、欠損がないようにするには誰かの確認があったほうがよいと考えられる一方で、隠蔽を防いで素直な回答を得るにはある程度匿名性の守られる環境であったほうがよい、という矛盾が生じてしまいます。

　そこで、「自殺」に関する文言を明らかに含めない形でスクリーニングするというやり方が考えられます。Bryan et al.（2021）は、PHQ-9 に含まれている自殺念慮の項目 9 が仮に陽性であったとしても 95 ％以上の患者が自殺を企図しないこと、自殺念慮のある患者が過少報告することを踏まえ、PHQ-9 のスクリーニングに自殺信念尺度 SCS[14] の「自殺」という文言が含まれない項目、具体的には「このように動揺しているときは耐えられない」（項目 8)、「こ

のような痛みを我慢できる人がいるとは想像できない」（項目 13）という 2 項目を組み合わせることで、PHQ-9 によるスクリーニングの精度が上がったと報告しています。また軍事プライマリケアクリニックで、定期的に PHQ-9 と自殺念慮のスクリーニングを患者 2,475 人に実施し、1 年間の自殺企図状況を追跡した研究では、過去 1 週間や過去 1 ヵ月の自殺念慮よりも、PHQ-9 によるうつのスクリーニングのほうが、3 ヵ月以内に自殺企図した患者を多く同定したことが示されています（O'Connor et al., 2023）。2 つの研究結果は、PHQ-9 の項目 9 は参考にしつつ、PHQ-9 の他の項目やその他の尺度を組み合わせる有効性を示唆しています。

　例えば、自殺念慮を直接尋ねない項目として、対人関係理論に基づく所属感や負担感を測定する尺度（相羽他, 2019）、IMV モデルに基づくエントラップメントや敗北を測定する Defeat and Entrapment Scale（友利他, 2020）など、自殺に至る心理的要因を測定する方法が使える可能性があります。それと同時に、学内での隠蔽傾向を緩和するための啓発キャンペーンも重要です。

　一度でも自殺の危険性が把握された場合に、スタッフが持続的に注意を向けられる仕組みづくりの効果も示唆されます。ロヨラ大学シカゴ校のプライマリケアセンターでは、来談した学生に自殺行動質問票（SBQ-R）によるスクリーニングを受けてもらい、非臨床群のカットオフポイントである 7 点以上の学生には、メンタルヘルスサービスの情報提供とともに、コロンビア自殺スクリーニング評価尺度でさらに自殺リスクを測定しました。さらに、プライマリケアセンターの電子カルテには、自殺リスクの履歴がある場合にその学生が強調して表示されるようにしてスタッフの見逃しを防ぎ、医療スタッフは GK 研修である Kognito を継続的に受講しました。その結果、カルテ上では学生の自殺リスクに関する記録が増加し、学生をメンタルヘルスサービスに紹介したり予約したりすることが増加しました（Frick et al., 2021）。

　以上のように、スクリーニングに様々な工夫と実践を組み合わせることで、早期発見・早期支援以外の視点から、自殺予防に効果的にはたらく可能性を探ることができるでしょう。

14　Suicide Congitions Scale は軍人用に作成された尺度で、日本語版は今のところ存在しない。

- 目的は支援が必要な学生を早期発見し、早期支援を実現すること
- UPI や抑うつなどの評価尺度を基準に学生がスクリーニングされ、それと並行して専門家による面接を推奨あるいは実施している大学が多い
- 呼び出してもすぐに支援につながらない学生もいるため、相談窓口を周知する機会にする、健康診断に問診を組み込むといった工夫が報告されている
- スクリーニング結果の情報共有、学生へのセルフケアの情報提供、自殺企図を予測するスクリーニング尺度の検討、対応するスタッフの訓練など、より効果的なスクリーニングと支援を探る必要がある

column 05

修士課程と博士課程の自殺予防の違い

　前のコラムでは大学院生について考えましたが、大学院生はさらに細かく分けて考えなければいけません。大学院生の6割弱は国立に属し、男子学生が約6割です。社会人院生は修士課程に1割、博士課程に2割、専門職学位課程に5割含まれます（**表4-5**）。加えて留学生は1～2割ですから、全体的に大学院は学士課程より多様性のある集団です。また、3ヵ年の死亡学生実態調査による自殺死亡率の平均は、修士課程で16.1、博士課程で7.9と、修士課程の院生の自殺率が特に高い傾向があります。

表 4-5　大学院を置く大学数と院生数　設置者別

設置者	修士課程			博士課程			専門職学位課程		
	置く大学数	学生数		置く大学数	学生数		置く大学数	学生数	
		男性	女性		男性	女性		男性	女性
国立	86	68,115	26,125	77	34,478	16,560	60	4,986	3,090
公立	87	7,093	4,363	70	3,387	1,947	9	491	207
私立	454	38,212	22,240	314	11,624	7,260	50	7,816	3,788
合計	627	113,420	52,728	461	49,489	25,767	119	13,293	7,085

　先行研究が指摘するように、大学院生のみを対象とした日本の実態調査は少なく、不明点も多いのが実情です。首都圏と近郊の修士課程の院生 462 名が回答した堀井（2020）の調査では、「死にたくなる」と回答した院生が 11 ％含まれ、UPI のスクリーニングに該当する院生も 13.2 ％いました。横路（2021）は特に博士課程の大学院生の精神的不健康さについて、先行研究の知見からうつや不安の有病率の高さ、ワークライフバランスの劣悪さ、サポートの得られにくさ、経済的な不安といった要因を挙げ、これらが根深い問題であることを指摘しています。

　私自身の経験も含めて考えると修士課程は博士より期間が短く、その時期の過ごし方が将来を左右する感覚が強くありました。研究や専門性に係る経験やスキルを考えると「大学 5 ～ 6 年生」ではなく「新入社員」と捉えて、教育やサポートを丁寧に提供すべきだと思います。また院生の大事な収入源である「学振 DC」は修士課程ではもらえないため、奨学金など金銭的なサポートを拡充する必要もあるでしょう。

　ただし修士も博士も同様に研究がうまくいかないことが、院生生活全ての失敗と考えやすいため、研究以外の評価軸や進路選択の可能性を残して、キャリアを支援する必要があると考えられます。

4　学内の専門家による相談

(1) 大学における相談組織

　大学の保健管理施設や学生相談は、1960 年代頃から学生の自殺をはじめとする相談の必要性に応える形で発展してきた歴史をもち、現代まで各組織に従事する専門家が大学における自殺対策の中心となって相談対応、危機介入、予防啓発に努めています。大学における相談機関が学生の自殺予防に果たしている役割にもはや疑いの余地なく、学生の自殺率が一般年齢人口よりも低いことがその証左です。全大学で同等の環境整備はできなくとも、全大学で心理相談やカウンセリングが受けられることが自殺予防につながると考えられます（Hadulla & Argyraki, 2015）。

　特に学生相談は国公私立大学全てにおける自殺予防の中心的なアプローチで

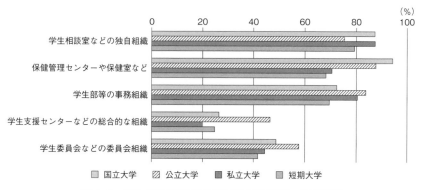

図 4-2　学生相談に対応する組織の設置率　設置者別

JASSO (2023) より作成。教員とその他を除く。

あり、ほとんどの大学が学生相談に対応する何らかの組織を有しています（JASSO, 2023）（**図 4-2**）。これらの組織にはカウンセラー（公認心理師／臨床心理士／大学カウンセラー）が 92.2 ％の大学、87.0 ％の短大に配置されています。医師の配置率は国立 90.7 ％に対して、公私立大学では約 40 ％にまで低下します。医師は精神科医に限らないため、日本の学生の心理的危機や自殺のリスクを学内で相談する場合には、高い確率で心理の専門家が対応していると推測されます。

　しかし、学生の自殺にまつわる事柄は、専門的な相談機関や支援者でも対処が難しい問題の１つです。精神科病院で 50 年あまり精神科医に従事してきた高柳（2020）は、患者さんの自殺の一報が入ると「自らの対応のまずさ、病院の体制の不備、看護スタッフの配慮不足など、いろいろな後悔が次から次と心に浮かんで」くると綴っています。また学生相談カウンセラーの困難を調べた坂本（2013）のインタビューでは、「学生が、自傷や自殺念慮の問題を抱えてやってくると、まず親に連絡しなくてはいけないとか、医療機関につながなくてはいけないと考えますが、しばしば学生は嫌がります。（中略）するとそこで『どうすればいいんだ』と頓挫してしまうわけです」「自殺の問題を抱えた学生への危機介入があった日にはかかってくる電話におびえ、近づく救急車のサイレンの音で胸がドキドキした」という語りがあるように、カウンセラーも学生の自殺企図への不安や自身の対応に対する葛藤をごく当たり前に抱えるのです。

　近年は学生の多様化も進み、学生を支援する業務の負担増加はどの大学においても大きな課題として認識されています（JASSO, 2023）。そのためハード面では、大学の意思決定機関が自殺予防のために専門家にどれほどの役割を期待しているのかを明らかにし、必要な組織編成、予算措置、人員配置を早急に考えなければなりません。ソフト面では大学関係者が専門家の立場や役割への理解を深め、自殺予防対策に関するスキルアップの機会や支援を与えることが肝要です。

(2) 自殺念慮に効果のある専門的なかかわり

　カウンセリングや心理療法は、若者の自殺念慮や自殺行動を減少させうる介入です（Kiran et al., 2023）。青少年の自殺企図や自傷行為、自殺念慮や抑うつに効果のある心理学的介入のレビューでは、弁証法的行動療法のエビデンスレベルが高く、その他、認知行動療法や統合的家族療法の有効性が示唆されています（Glenn et al., 2019; Ougrin et al., 2015; Iyengar et al., 2018）。

　また、自殺を考える人に死なない約束をするのではなく、共同的に安全計画を立てる介入の有効性が示されています（Stanley et al., 2018）。救急外来で行われたスタンレー＆ブラウンの安全計画介入では、次の6つのステップから成る個別の安全計画を患者に提供します。①差し迫った自殺の危機の警告サインに気づく、②自殺念慮や自殺の衝動から気を紛らわせるための内的な対処方略を採用する、③自殺念慮や自殺の衝動から気を紛らわせるための社会的なつながり（人や環境）を利用する、④危機の解決に協力してくれるかもしれない個人を特定して連絡する、⑤メンタルヘルスの専門家か専門機関に連絡する、⑥致死的手段の使用を減らして環境を安全にする。この安全計画介入に電話によるフォローアップを組み合わせた結果、通常の治療を受けた患者よりも半年後までに自殺行動を起こす確率が半減し、受診率も高まっていました。

　このような心理学的介入の有効性は示されているものの、学内の相談機関で提供できる支援には、その体制によって限度があります。そこで専門的な心理療法の解説は専門書に譲り、ここでは自殺の基本的な相談に大切なことを簡潔述べたいと思います。専門家としての自殺の危機介入や話の聴き方を学びたい方は、日本学生相談学会（2020）『学生相談ハンドブック』、藤原・高橋（2005）

『自殺予防カウンセリング』、松本（2015）『もしも「死にたい」と言われたら　自殺リスクの評価と対応』など分かりやすい専門書が多く出ていますので、そちらも併せてお読みください。

(3) 自殺の相談で大切なこと

■ 学生に自殺について尋ねる

自殺の危機にある学生はほとんどの場合、自分ではどうしようもない悩みや問題を抱え、元気をなくし、孤独感を感じ、取りうる解決の選択肢が狭まっている状態にあります。そのため、医学・心理、福祉などの専門家に相談して自分の状態を理解してもらい、情報や助言、適切な治療などを受け、他者と問題を共に考えていけるようになる過程が重要です。もしも自殺の危機が切迫して、IMV モデルや 3ST で段階が自殺の方向に進んでいる場合は、学生のもつ自殺念慮や自殺計画を正面から扱っていく必要があります。

しかし、人々は必ずしも専門家に自殺念慮や自殺の計画を話せるわけではありません。Denmark et al. (2012) は、558 人の大学生や大学院生が自殺念慮を誰にも話さなかった理由の自由記述を分類した結果、①リスクは低いという認識、②負担感や動揺を与えるなど他者に対する思い、③個人的なプライバシーを守ろうとすること、④他者に話すのを無意味と感じていること、⑤自殺や相談へのスティグマ、⑥自殺や相談への恥、⑦入院など打ち明けることで起きる影響への懸念、⑧自律性が干渉されること、⑨孤独感の知覚、の9テーマが抽出されました。問題の認識やスティグマ、予期される利益など援助要請研究の知見（木村, 2017）、社会学による親密圏の議論[15]（中森, 2023）、入院を強制されることへの恐れ（Blanchard & Farber, 2018）など他の研究でも同様の知見が示されており、専門家の相談につながっても、学生は自殺について率直に話してくれるとは限りません。そのため支援者は、学生が話しにくいことやその本質的な理由を理解して、自然な流れで落ち着いて自殺に関する質問をする必要があります（張, 2016; Shea, 1999 松本監訳 2012）。自殺について学生に尋ねるこ

15　互いの生／生命への配慮・関心によって維持される親密な人間関係では、「死にたい」という言動はしにくいという議論で、Denmark et al. (2012) では②が近い。

とは、学生に「ここでは自殺について話してもよいのだ」というメッセージを
伝えることでもあります。

■ リスク評価

　また学生のもっている自殺についての考えが具体的なほど企図の危険性が高
いため、自殺の計画を立てているか、常識的な解決策の提案に対する反応はど
うか、うつ・不安・思考の混乱状態などから自殺のリスクを評価します（張,
2016）。相談場面では自殺のテーマの話しにくさを考慮し、「そのような状況に
あれば、死にたいと思うことが誰しもある」という前提を伝え、「○○さんも
そのように感じることがありますか？」と一般化して尋ねる方法があります。
また、「どのくらい限界に近づいていると感じていますか」「今のところ、どこ
まで続けていけそうですか」のように、自殺というよりも終わりや限界を探る
質問方法も提案されています（Henden, 2017 河合・松本訳 2020）。筆者は「死に
たい」「消えたい」という気持ちが語られた際には、「具体的にどういうふうに
死にたいとかは……？」などと聞いてみます。すると、「そこまでは考えてい
ない」と返答されたり「このままホームに飛び込めたら楽かもと思うことがあ
る」「ふとトラックにひかれたいと思う」などと詳しく考えが語られる場合も
あります。次に、どんなときにそういうふうに考えるのか尋ねて、安全計画を
考えられないか話し合うことを試みます。
　専門家がリスク評価を積極的に行うには、トレーニングや経験を積むことは
もちろんのこと、自身の自殺に対する態度や役割意識を明確にし、自信をもっ
てかかわることが重要です（Gallo, 2018; Neimeyer et al., 2001）。

■ 受容する

　相談者の話を本気で聴き、真剣に受け止める姿勢は何よりも重要です（Hen-
den, 2017 河合・松本訳 2020）。学生の自殺リスクが高ければ、こちらも緊張し
て当然のように真剣になるのですが、リスクが低いと判断したときにこそ留意
したい点です。
　自殺予防教育 CAMPUS で学生から「リスクが低いと軽く捉えるのはおかし
い」といった趣旨の感想をもらったことがあります。自殺リスクの高低は相談

者の抱える深刻さや受け止める側の本気度とは別軸の話ですが、もしかしたら「この学生の自殺リスクは低いな」という判断が、学生には「真剣に捉えてもらえていない」と感じさせるのかもしれない、と気づきました。それからCAMPUSでも「リスクが低い＝本気ではない、深刻ではないという意味ではない」と併せて説明するようにしています。本気で真剣に受け止めることが、その学生を受容することにつながっていきます。

　そして自殺の話題を話し合うときの重要な姿勢は共感的であることです。自殺を考えている人に対して、考えを否定せずに共感的に受け止めることが専門家の指摘する適切な対応です（末木，2020）。「死にたい」という気持ちに共感的になることで自殺企図が促される不安が頭をよぎるでしょうか。その時は自殺念慮（思い・考え）と自殺企図（行動）は異なることを、プロセス理論を通して再三確認したことを思い出してみてください。私たちが何かしたいと語るとき、必ずしもそれを実行したり実現できると考えていなくても、その気持ちそのものを他者に受け入れられることに安心したり嬉しく思ったりすることと似ています。

　この共感や受容の姿勢は、自殺を考えているその人の存在や、自殺を考えるに至った経緯に理解を示すことに留まらず、究極的にはその人の考える死そのものを受容することである、と述べている人もいます。大阪に初めて自殺防止センターを設立した西原（2003）は、自殺を考える人の話を聴くボランティア組織である国際ビフレンダーズに加盟するときに、その原則の中の「相談する人は、自殺をするという決断も含めて自分で決断する自由を失わない。また相談者にはいつでも相談をやめる自由がある」や「その人が自殺しそうになっているそのときにも、警察や他の機関に援助を求めない」ことについて、理解するのに時間がかかったといいます。そして自殺を考える人とのやりとりを通して、尊厳をもって話を聴くことの大切さを痛感したそうです。「自殺防止活動とは、自殺したいと訴える人の感情を避けようとするのではなく、共にそれを味わい、死を恐れず、死に直面することです。さらに相談者の決断を重んじることです」という西原の言葉が重く響きます。死を受容する態度は、一見自殺予防と矛盾しているようにも感じられますが、自殺の危機介入スキルを高め（Neimeyer et al., 2001）、話を聴き、対応することと矛盾しないアプローチなの

です。

■ 視野を広げていく

　自殺を考えている人は、心理的な視野狭窄状態にあり、元気であったり健康であったりするときに思い浮かぶ色々な選択肢や可能性を思い浮かべられなくなります。そのため、本人が思いついている自殺のような極端な選択肢も尊重し、可能性としては残しながらも（すなわち自殺についての対話を止めることなく）、他の選択肢を探す共同作業を通して視野を広げていくアプローチが重要です（Henden, 2017 河合・松本訳 2020）。自殺のインターネット相談でも、相談者から語られることを受け止めながら援助要請行動や対処行動の選択肢を広げるようなメールのやりとりを 1 ヵ月程度行うことで、自殺念慮は有意に低下する効果が示唆されています（Sueki et al., 2023）。

　具体的には「死を選ぶ可能性はあるにせよ、仮に死のほうを選ばないとしたら」、代わりにどんな考え・行動の選択肢があるのかを学生に提案してみることになるでしょう。そして、その選択肢についてどう思うか、その選択肢はどの程度実現可能か、何から始めるのか、などを話し合っていくことになります。このようなやりとりを通して、何かを選択することなく自殺念慮が低下し、自殺の危機を乗り越えられるような場合もあるかもしれません。さらに視野や選択肢を広げる中で、保護者や教職員の協力を得たり、医療機関等と連携を図ったりすることもあるでしょう。つまり専門家との相談は、危機的な状況になって最後に行きつく行き止まりではなく、その後にいくつもの道が開かれている扉なのです。

- 大学では心理の専門家が相談の役割を担っていることが多く、自殺予防の大きな責任を負っている
- ハード面では専門家の負担を考慮に入れて豊かな体制をつくる、ソフト面では専門家にスキルアップの機会や支援を提供する
- 学生の自殺リスクを低下させる心理療法には弁証法的行動療法や認知行動療法がある
- 自殺の相談で普遍的に重要なのは、自殺について尋ね、リスクを評価し、真剣に共感的に話を聴き、視野を広げるようにかかわる

5 学内外連携

(1) 学内連携

　一般教職員は学生から自殺を打ち明けられることは少ない一方で、きめ細やかなサポートの中で心配な学生の存在には気づいています。他方、専門家は学生の精神疾患や自殺の相談を受けて専門家の視点での支援を検討します。そのため、両者が情報を共有して連携を図ることは足並みをそろえて学生の支援に当たるために重要です。

　実施状況調査のデータを参考に、情報共有の場や図り方を整理すると、定期的－随時、構成員が固定的－流動的の２軸で分けて考えることができます（図4-3）。

　定期的－固定的なパターンは、学生を支援するための委員会や協議会が設置されており、会議や連絡会の中で情報共有を図るものです。参加する構成員が限られているため、教職員や専門家の中で事前のとりまとめがなされる必要があります。また、会議の目的は気になる学生の情報共有なのか、対応中の学生の情報共有と対応の検討なのかに合わせ、時には常勤職員だけでなく非常勤職員、部活動やサークルに係る指導員や学寮スタッフにも参加の機会を提供する必要があるでしょう。

　随時－固定的なパターンでは、情報共有システムの活用や、同じ部署の専門

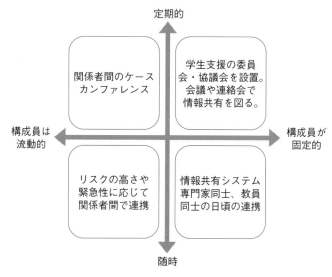

図 4-3　大学における情報共有のパターン

家同士や学部教員同士が日頃から情報共有を行うような場合があります。一方、定期的−流動的なパターンは、ケースカンファレンスが定期的に行われる場合が該当します。一方、リスクの高さや緊急性に応じて関係者間で急遽連携する場合は随時−流動的なパターンです。

　情報共有や連携の在り方で課題となるのは、どのような情報を誰と共有すべきなのか、人によって判断基準が曖昧である点です。診療や学生相談においては「自傷他害の恐れ」がある場合、秘密保持の義務は解除されるのが一般的ですが、できる限り学生の同意が得られるように努め、学生が語る内容を共有するのではなくカウンセラーの理解や具体的な対応策を話題にすることなどが重要とされます（杉江, 2020）。このように専門家は情報共有の仕方に注意を払い制御することができますが、一般教職員の立場では、学内支援体制との連携や協働がうまくいっていない可能性があります（杉田他, 2023）。例えば、保健管理センターや学生相談室のある大学で、学部教員として学生の相談に乗る中でもし学生から自殺念慮を打ち明けられたら、教員はそれをすぐ専門家に伝えるべきなのか、それとも学生の意思を尊重して自分が続けて相談に乗るべきなの

か迷うでしょう。また学科内での共有に留めるのか上層部に上げるのかなどの判断もその都度で迷うでしょう。

　自殺予防の観点から考えると、ゲートキーパーの節で先述した Turley（2018）の言うように、一般教職員は抱え込みすぎずに専門的な支援体制を頼ることもできる半開き状態が適度と考えられます。そのため、大学独自の危機対応ガイドラインを設け、教職員向けに情報共有の基準や連携が必要となるケースと具体的な共有方法、他の教職員と共有する際の伝え方や学生からの同意の得方などについて、具体的な手順の解説があると役立ちます。

(2) 学外連携

　危機対応のためには学生の保護者、医療機関、地域の社会資源などと連携することが重要です。学生相談における連携状況は、国立で９割、公私立で７割弱、短大で５割と一般的で、具体的な連携相手は医療機関やかかりつけ医が最も多くなっています（JASSO, 2023）。自殺の危機を抱える学生を学生支援体制の中で把握した場合、特に医師不在の大学では医療機関と連携を図ることは現実的な対応策の１つです。心理の国家資格である公認心理師は、業務を行うにあたって主治医の指示を受けなければならない（公認心理師法第 42 条第 2 項）ことからも、主治医のいる学生の相談に公認心理師が対応する場合は、医療との連携が必須となります。

　問題は連携のタイミングです。事前に連携して情報共有を図ることが理想的かと思われますが、学外連携は自殺企図など重大なケースが起きてからではないと行われにくい可能性があります。斉藤他（2013）は北海道内の学生相談室に勤務するカウンセラーに自殺未遂事例のアンケート調査を行い、回答者の対応した未遂事例７件について自殺未遂以前から来談していたケースが 72 ％あったものの、学外連携は未遂後に始まったケースが５件と多かったことを示しました。連携を遅らせる背景には、学生が支援や親への連絡など「つながり」を拒むケースが多く、カウンセラーが苦慮している問題があるためと考察されています。そのため、来談している学生の自殺リスクが高いと判断されたとき、秘密保持の義務が解除になるとしても、信頼関係のために学生に同意をとろうとし、学生に拒まれるという倫理的ジレンマが発生している可能性が考

えられます。

　そこで対応策の１つとして考えられるのが、各登場人物・組織の間をつなぎ、連携を積極的に行うコーディネーターの配置です。富山大学保健管理センターの斎藤（2015）によると、富山大学は2009年に担当理事室の直属機関として「富山大学自殺防止対策室」を設置し、現場教職員の声を受けて有資格（臨床心理士、精神保健福祉士、看護師、特別支援学校教諭など）のコーディネーターを配置しました。コーディネーターは関係者のネットワーク形成に貢献し、守秘義務をめぐる見解の混乱は最小限であったといいます。また、学生と連絡がとれないときのアウトリーチ機能も業務としていたために、各支援現場のつなぎとして非常に有効に働いていたことがうかがえます。同様に信州大学でも学生相談センターにコーディネーターが配置され、大学全体の学生支援体制をネットワーク化して自殺予防に取り組んでいます（山﨑他，2021）。学外連携の役割のイメージを**図4-4**に示しました。

　自殺のほのめかしや複数回の自殺企図があるなど支援の複雑なケースに際して、一時的にでも人員配置を工夫して関係者間の連携を強化する体制をつくることも有効かもしれません。

　なお、学外連携先として大学は今後、自治体の自殺対策担当者と連携する必要性もあります。富山県の自殺対策担当者にインタビューを行った立瀬・須永

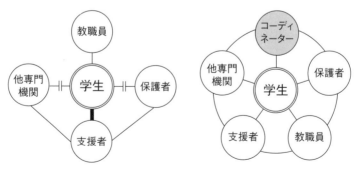

(1) 学生がつながりを拒否した場合は
　　支援者の負担が大きい

(2) コーディネーターが間をつなぐ場合は
　　ネットワークが形成しやすい

図4-4　連携のイメージモデル
斎藤（2015）、八島他（2013）を参考に作成。

（2017）によると、大学との連携体制は講師依頼など個人単位での協力関係に留まり、日常業務で大学との接点がなく、連携するきっかけがない状況でした。学生も大学の外に出れば地域の一員であり、卒業や退学後のことを考えても社会資源とつながれることは重要です。そのために精神保健福祉センターや保健所、地域で自殺対策を進める担当者と大学がコンタクトできれば、学生の自殺予防のためのネットワークを広げていくことが可能となるでしょう。

学内外連携 ● まとめ

- 学内連携は定期的な会議体での情報共有から、緊急時に関係者で行う連携まで様々である
- 自殺の危機を学生が抱えた場合に、自傷他害の恐れがあるといえど、本人の同意が得られないことやつながりを拒否することで、情報共有や連携には課題が残る
- 日頃の連携やコーディネーターの設置が解決策となる可能性がある

6　物理的対策

（1）自殺が起きている場所と手段

　物理的な自殺対策には、自殺手段を制限する対策と、自殺が生じる可能性のある場所で、企図を防いだり既遂を防いだりするための対策（ホットスポット対策）の2つがあります。手段制限の代表例には銃器へのアクセス制限、場所に対する対策の代表例には鉄道のホームドア設置があります。物理的なアクセス制限が自殺防止に与える効果のエビデンスは頑健です（Zalsman et al., 2016）。

　自殺の起きる手段と場所は多くの場合で双方に関連しますので、ここで、日本で起きている自殺の場所と手段について概観しておきます。自殺で亡くなった人の最も多い場所は自宅、手段は首吊り（縊首）で、どの年代・性別にもこの傾向は共通しています。令和4年では全体で自宅が62.0％、首吊りが67.3％を占めていました（厚生労働省, 2023）。都市には、高い建物や鉄道があるため若年者は相対的に飛び降りや飛び込みによる自殺が多く、場所も自宅の

次に高層ビルや鉄道線路に多い傾向があります。一方、20代になると車を運転できる人が増えるためか、衝動的な企図が減って公共の場で行うことが抑制されていくのか、手段は飛び込みや飛び降りに代わって練炭等、場所は乗り物が多くなります。自殺が企図される場所が学校であるケースは多くありません。

　国立大の学生の1985 〜 2005年度の自殺を調べた内田（2010）では、自殺手段は男子で縊首、飛び降り、服薬の順に多く、女子は飛び降り、縊首、服薬の順に多かったことが報告されています。服薬については、市販薬などにアクセスしやすいこと、自傷行為として実行されやすいことから、既遂に至らずとも未遂となる手段としては非常に多く、救急医療に搬送される自殺企図者には過量服薬による中毒が多く報告されています。

　自殺手段の制限については基本的に入手時の制限と、保管・管理上の制御が中心となるため、大学ができることとしては、薬物や危険物の取り扱いを徹底することとなります。

　一方で、縊首や過量服薬がそれほど場所を選ばないこと、飛び降りは立ち入れる建造物があれば可能であること、構内に池がある場合には入水も可能であるため、大学における自殺の物理的対策は、場所に対して行うものが非常に重要となります。

　自殺念慮を行動に移そうとしている段階にある人に、ある手段や場所を制限しようとしても、他の方法で結局自殺企図をするだけなのではないかと疑問に思われるかもしれません。しかし、物理的対策は、自殺を考えた人が自身の行動を再考する時間が与えられるために、自殺防止に有効であると考えられています（Cox et al., 2013）。自殺を企図する人にはそれぞれの好みの自殺手段があり、それを封じられた場合に必ずしも別の手段の自殺をするわけではありません（反町，2014）。自殺の実行を考える人は、いつどこでどのように死ぬか綿密な計画を立てていることが多く、衝動的な自殺企図のほうが少ない可能性があります（Mortier et al., 2018）。自殺計画は自殺企図のリスクを有意に高める（Ono et al., 2008）ため、反対に計画が妨げられたり破綻したりした場合には、すぐに次の実行に移すのが難しいと考えられます。急激にリスクが高まるような出来事を経験して衝動的に自殺を考えるような場合でも、時間的猶予が与え

られてその衝動が一旦治まれば、防止の余地が生まれます。このように物理的
対策によって、自殺の実行を可能とする能力がそろわないようにし、その間に
専門家による相談など支援につないでいくことが非常に重要です。

(2) 大学構内の場所に行う対策

　大学の物理的対策の目的は、大学構内で自殺を行動に移そうと考えた学生に
対して今一度、自殺をするかどうかの迷いを生じさせるような影響を与えるこ
とです。そこで大学構内の建造物や周辺環境によって、身体的・心理的に自殺
企図することが可能となっている場所を見つけ出し、自殺企図がためらわれる
環境に改善していくことが有用です。また、建造物からの飛び降りに関して
は、万が一抑止を乗り越えて企図が生じても、できるだけ既遂とならないよう
な環境に整えます。Cox et al.（2013）によるレビューでは、ホットスポット対
策の目的と具体例が**表 4-6** のように整理できます。

　1つ目は、自殺企図・既遂を身体的に妨げる対策です。建物からの飛び降り
を防止するために、柵や障害物を設置すること、立ち入り制限などが挙げられ
ます。また安全ネットの設置や、地上に植木のような緩衝物を設置すること
で、転落しても落下の衝撃を軽減することができます。首吊りを防ぐために紐
をひっかけるドアフックなどを壊れやすくする工夫もあります。このような
ハード面の対策は大きな費用が掛かりますが、自殺企図だけでなく事故を防ぐ
安全対策ともなるため、コストをかけるだけ公益性は高まると考えられます。
さらに、柵などをすぐに設置することが難しくても、一時的にテープを張るな
どして抵抗感や実行までの時間を与えることはできます。

　2つ目は、自殺の起きそうな場所からの相談を促すことです。相談窓口の記

表 4-6　自殺の起きやすい場所にできる対策

目的	具体例
自殺企図・既遂を身体的に妨げる	柵・障害物・緩衝物の設置、建物構造等の改修
その場所から相談を促す	看板や標識の設置、緊急電話の設置
第三者による介入	パトロール、カメラの設置、警察による介入

Cox et al.（2013）をもとに筆者作成。

載がある看板や標識の設置、緊急電話の設置などがあります。自殺のホットスポットの１つである和歌山県の白浜町では、NPO 法人白浜レスキューネットワークが断崖絶壁にいのちの電話を設置しています。

　３つ目は第三者の介入です。NPO 法人白浜レスキューネットワークはパトロールや保護活動も行っています。また、福井県の東尋坊では、NPO 法人「心に響く文集・編集局」の茂幸雄さんが活動拠点の茶屋を開き、長く見守り活動に貢献しています。このようなホットスポット対策では、その場で自殺企図を防ぐだけでなく、その後に必要な支援につなぐ活動もセットで行われ、大勢の人の命が救われています。

　大学がパトロールに人員を割くのが難しい時間帯や時期もあります。駅構内の飛び込み防止には、駅員の見回りや声掛けなども有用ですが、他の乗客の目線など、ヒューマン・コンタクトがあることが保護因子の１つです（野村, 2002）。そのため、大学構内でも人気のない所をなるべく少なくすることや学生の目が届くように樹木を伐採すること、大学敷地内の夜の暗さを軽減するような環境づくりは重要と考えられます。これらの活動の本質は、物理的対策によって自殺を考える学生がいかに人とつながるきっかけをつくるのか、ということなのかもしれません。

(3) 大学での取り組み例

　Waalen et al.（2020）によるカリフォルニア州の大学のホットスポット対策を紹介します。この大学では、2000 ～ 2016 年までに大学の敷地内で起きた自殺事例をデータやインタビューから同定し、その場所と日時を明らかにした上で、キャンパス内で自殺が起きやすいホットスポットを３つに特定しました。その３つとは、メインキャンパスの学科エリアのプラザと隣接する駐車場、大学医療センターの立体駐車場、大学医療センターの急性期入院病棟でした。また、季節は冬、曜日は木曜日、時間帯は午後８～９時に多いことも特定しました。

　これと同時並行で、2013 年から建物安全リスク緩和プロジェクトを始めています。プロジェクトのチームは、施設管理、カウンセリングセンター、キャンパス警察、輸送サービス、設計・建設サービス、キャンパス管理です。施設

管理者は、次のような対策を行いました。

　飛び降りを心理的に思いとどまらせるために、地上で抑止力となる（痛み、恥ずかしさ、混乱を引き起こすなど）物体として、学科エリアのプラザ全体にプランターとコンクリートビンを配置し、エリア全体にパティオ（外で使用する）家具とガーデンパラソルを配置しました。また、学系棟の屋上のへりに、相談を促すメッセージと電話相談の番号を掲示しました。さらに、潜在的に危険な場所として特定した高層建造物の地表にもプランターを設置しました。

　立体駐車場の窓には金網スクリーンを設置し、立体の吹き抜け部分には横断幕とバンジーコード（伸縮性のあるゴムひも）も設置しています。また高層建造物の地表の抑止力になるように樹木を植えました。

　入院病棟についてはバスルームを改装して、壊れやすいドアラッチやシャワーカーテンを新たに取り付けました。また、脱走を減らすために両開きのドアを設置しました。

　これらの施策によって、特定したホットスポットでの自殺死亡が３年にかけて減少していったことが示されています。Waalen et al. は、この結果だけで物理的対策に絶対の自殺予防効果があったとは結論づけていませんが、ホットスポットの特定から実施したことまで、非常に理に適った対策が行われたと評価できます。

　したがって具体的に対策を進める前に、大学で過去に自殺が起きたことのある場所を特定することが重要です。その場所に実際に、できれば複数の時間帯に出向いて、そこがどのような場所であるのか確認した上で、必要な対策を検討します。また、自殺多発駅でフィールドワークを行った Sueki（2022）は、駅で自殺が起きた場所の特徴から、自殺を企図した人がその前にどのような心理状態にあったのかを特定できる可能性があることを示唆しています。大学においても自殺が起きた場所の特徴を明らかにすることができれば、その場所が危ないという事実だけでなく、学生の心理状態やその前に学生がとっていた行動についての情報が得られる可能性があります。

　もし一度も大学構内で自殺が起きたことがなかったとしても、学生の予期せぬ事故やトラブル、犯罪などを防ぐ、という視点で大学構内が安全な場所であるのかを検証することができます。次に、その場所に対して行うことのできる

取り組みのアイデアを列挙し、費用対効果を踏まえてできることから実施していきましょう。

物理的対策 ● まとめ

- 大学構内で自殺企図が可能な場所を特定し、自殺をためらうような物理的対策、相談の促し、パトロールや見回りを行う
- 場所に対する対策で防げる可能性のある自殺の手段は、縊首、飛び降り、入水、過量服薬などがある
- ハード面の対策だけでなく、自殺を実行しようとした学生が他者とつながるための施策をできることが本質的には必要である

---

topic 02

大学の自殺予防に取り組む専門家へのインタビュー

　大学の自殺予防対策の最前線である保健管理施設でも、全学的な自殺予防対策を進めていくには苦労や課題があり、全学的な協働が不可欠です。大学の現状を知るために、早稲田大学教授・保健センターの常勤精神科医である石井映美先生に、2023 年冬の某日、お話をうかがいました。石井先生は 2018 年に現職に赴任され、現在まで学生のメンタルヘルス部門を担当されています。筆者の学生時代からの恩師で、「大学における自殺予防研究」研究班など、様々な協働の機会をいただいています。

1. 大学で取り組まれている自殺予防対策について

　元々は非常勤の精神科医や常勤の保健師、学生相談室が、学生のメンタルヘルス対策に取り組んでいて、そこへ常勤精神科医として赴任しました。巨大な早稲田大学では各学部の歴史や慣習が異なりそれぞれに自治区があるようなものなので、メンタルヘルスへの関心も学部によって異なり、それまで筑波大学保健管理センターで全学的に行っていた取り組みのようにはいきませんでした。早稲田大学はただでさえ学生数が多いので、メンタルヘルスが不調になる学生も少なくないし、留学生も多いです。その中でコロナ禍が幸か不幸か後押しし、

なんとかメンタルヘルスの取り組みを大学に浸透させようとしている最中です。

　立場上は授業を受け持つ必要もあって「精神医学概論」を通年で担当しています。自殺予防の話もしていて学生にはとても好評です。また、３年前から保健センターの「こころとからだの健康」という授業の１コマでも自殺予防の授業をしているので、年間 600 人の学生には自殺予防のレクチャーができていることになります。

　また、健診の質問紙によるスクリーニングで引っかかった学生には、私と、できるだけその日のうちに面接するようにしています。学生からは意外と面倒に思われず、むしろ「話したい」と思って来てくれている学生も多いです。

2.　大学の自殺対策で苦労している点は何でしょうか？

　現状が把握しにくい難しさがあります。医療機関なので患者である学生の危機対応もしていますが、大きな大学であるため色々な場所で局所的な対応がなされていて、後から把握するか、恐らく把握できていないケースもあります。学生も大学近隣のクリニックに通っていたりして連携することもありますが、学生の居住地自体が近隣都県にまたがっているため、色々なことが分散していると感じています。保健センターに携わっている人の雇用形態や数も大学の規模を考えると十分とは言えず、全学的にもなかなか信頼してもらえる実績を作りにくい状況です。結果として、保健センターが危機的な学生にタッチしきれないこともあり、非常に課題に感じています。

3.　成果が見えてきている部分もあるでしょうか？

　取り組んでいる授業後に学生からもらえる感想やフィードバックは本当によく、2019 年にはティーチングアワード賞も受賞しました。健診後の面接でも統合失調症などの学生の発見につながることがあり、大事な取り組みだと思っています。また、ずっとやりたいと思っていたフレッシュマンセミナーで、メンタルヘルスの動画を日本語版・英語版で配信することができました。自殺やメンタルヘルスの問題に学術的な関心をもって問い合わせてくれる学生もいて、心強く思います。学生は主体的・積極的で、最近では学生企画の健康フェスタという啓発イベントでメンタルヘルスについて話しました。互助会や異文化交流センター（ICC）のイベントでも講話の機会をもらって学生と交流ができるの

はとても嬉しいです。過去には教員対象の FD 研修を行ったこともありました。

4. 今後、大学での自殺対策はどのようになっていけばよいでしょうか?

　高校までの学習指導要領に精神疾患などメンタルヘルスに関する教育が入ったことにまず期待を寄せています。自殺には宗教観も関連すると思いますが、日本はなかなかそこが弱いので。まだ視野狭窄していない心理段階で、大勢に一斉に話ができる教育の意義は大きいと思います。大学に入ってからも、やはり予防教育が重要だと思います。また、もともと国立大学だけだった死亡学生実態調査が、私立大学に定着しつつあるのは良い兆しだと思います。現状を見るのは嫌だけれど、現状を見なければ改善できません。現状把握が必要です。

5. 読者へのメッセージ

　学生をサポートする立場は嫌がられたり、嫌われたり、拒否されたり、傷つくこともいっぱいあると思います。親に、けんもほろろにされたり怒られたり、苦労することも多い割には、学生から「無事に卒業しました」となかなか報告にも来られない……。そんな風に苦労も多くフィードバックもなかなかありませんが、それでも一度は死を考えた学生が、卒業してから人生のどこかで「ああ、生きててよかった」と思ったときに、ちらっとは私たちのことを思い出してくれると思います。それを期待して、とにかく今は読者の皆さんに「おつかれさま」と言いたいです。めげずにやられていることを心から労いたいと思います。

石井 映美（いしい・てるみ）

早稲田大学教授・保健センター常勤精神科医

1986 年筑波大学医学専門学群卒業。2010 年 6 月〜 2018 年 11 月まで筑波大学医学医療系・保健管理センター助教。2018 年 12 月から現職。精神保健指定医、医学博士。学生の発達障害やメンタルヘルスが専門。主著『自殺予防と職責−大学教員と自殺予防−』（自殺予防と危機介入 41 巻 2 号）や「令和 5 年度 大学における自殺対策推進のための研修」（いのち支える自殺対策推進センター主催）講師を務めるなど、大学における自殺対策の領域で幅広く活動。

引用文献

足立由美・水田一郎・工藤喬・足立浩祥・金山大祐・福森亮雄・石金直美・竹中菜苗・稲月聡子・守山敏樹・瀧原圭子（2017）．新入生健診におけるメンタルヘルスチェック尺度の年次比較：3 年間の性別，学部別分析　CAMPUS HEALTH, *54*(2), 173-178.

Blanchard, M., & Farber, B. A. (2020). "It is never okay to talk about suicide": Patients' reasons for concealing suicidal ideation in psychotherapy. *Psychotherapy research : journal of the Society for Psychotherapy Research, 30*(1), 124-136. https://doi.org/10.10 80/10503307.2018.1543977

Bond, K. S., Cottrill, F. A., Mackinnon, A., Morgan, A. J., Kelly, C. M., Armstrong, G., Kitchener, B. A., Reavley, N. J., & Jorm, A. F. (2021). Effects of the Mental Health First Aid for the suicidal person course on beliefs about suicide, stigmatising attitudes, confidence to help, and intended and actual helping actions: an evaluation. *International journal of mental health systems, 15*(1), 36. https://doi.org/10.1186/s13033-021-00459-x

Bryan, C. J., Allen, M. H., Thomsen, C. J., May, A. M., Baker, J. C., Bryan, A. O., Harris, J. A., Cunningham, C. A., Taylor, K. B., Wine, M. D., Young, J., Williams, S., White, K., Smith, L., Lawson, W. C., Hope, T., Russell, W., Hinkson, K. D., Cheney, T., & Arne, K. (2021). Improving Suicide Risk Screening to Identify the Highest Risk Patients: Results From the PRImary Care Screening Methods (PRISM) Study. *Annals of family medicine, 19*(6), 492-498. https://doi.org/10.1370/afm.2729

Burnette, C., Ramchand, R., & Ayer, L. (2015). Gatekeeper Training for Suicide Prevention: A Theoretical Model and Review of the Empirical Literature. *Rand health quarterly, 5*(1), 16.

Cimini, M. D., Rivero, E. M., Bernier, J. E., Stanley, J. A., Murray, A. D., Anderson, D. A., Wright, H. R., & Bapat, M. (2014). Implementing an audience-specific small-group gatekeeper training program to respond to suicide risk among college students: a case study. *Journal of American college health, 62*(2), 92-100. https://doi.org/10.1080/0744 8481.2013.849709

Cox, G. R., Owens, C., Robinson, J., Nicholas, A., Lockley, A., Williamson, M., Cheung, Y. T., & Pirkis, J. (2013). Interventions to reduce suicides at suicide hotspots: a systematic review. *BMC public health, 13*, 214. https://doi.org/10.1186/1471-2458-13-214

Denmark, A. B., Hess, E., & Becker, M. S. (2012). College Students' Reasons for Concealing Suicidal Ideation. *Journal of College Student Psychotherapy, 26*(2), 83-98. https://doi.org/10.1080/87568225.2012.659158

遠藤剛（2014）．自殺とソーシャル・サポートに着目した地域介入研究　筑波大学大学院学位論文

Frick, M. G., Butler, S. A., & deBoer, D. S. (2021). Universal suicide screening in college primary care. *Journal of American college health, 69*(1), 17-22. https://doi.org/10.108 0/07448481.2019.1645677

Gallagher R. P., & Taylor R. (2014). National Survey of College Counseling Centers 2014.

The International Association of Counseling Services, Inc. Monograph Series Number 9V. http://d-scholarship.pitt.edu/28178/1/survey_2014.pdf

Gallo, L. L. (2018). The Relationship Between High School Counselors' Self-Efficacy and Conducting Suicide Risk Assessments. *Journal of Child and Adolescent Counseling, 4* (3), 209-225. https://doi.org/10.1080/23727810.2017.1422646

Gençöz, T., & Or, P. (2006). Associated factors of suicide among university students: Importance of family environment. *Contemporary Family Therapy, 28*(2), 261-268. https://doi.org/10.1007/s10591-006-9003-1

Glenn, C. R., Esposito, E. C., Porter, A. C., & Robinson, D. J. (2019). Evidence Base Update of Psychosocial Treatments for Self-Injurious Thoughts and Behaviors in Youth. *Journal of Clinical Child & Adolescent Psychology, 48*(3), 357-392. https://doi.org/10.1 080/15374416.2019.1591281

Hadulla, R. M. H. & Argyraki, A. K. (2015) Mental health of students in a globalized world: Prevalence of complaints and disorders, methods and effectivity of counseling, structure of mental health services for students. *Mental Health & Prevention, 3*, 1-4. https://doi.org/10.1016/j.mhp.2015.04.003

Hashimoto, N., Suzuki, Y., Kato, T. A., Fujisawa, D., Sato, R., Aoyama-Uehara, K., Fukasawa, M., Asakura, S., Kusumi, I., & Otsuka, K. (2016). Effectiveness of suicide prevention gatekeeper-training for university administrative staff in Japan. *Psychiatry and clinical neurosciences, 70*(1), 62-70. https://doi.org/10.1111/pcn.12358

Hashimoto, N., Takeda, H., Fujii, Y., Suzuki, Y., Kato, T. A., Fujisawa, D., Aoyama-Uehara, K., Otsuka, K., Mitsui, N., Asakura, S., & Kusumi, I. (2021). Effectiveness of suicide prevention gatekeeper training for university teachers in Japan. *Asian journal of psychiatry, 60*, 102661. https://doi.org/10.1016/j.ajp.2021.102661

Henden, J. (2017). *Preventing Suicide: The solution focused approach* (2nd ed.). Wiley-Blackwell. (ヘンデン，J. 河合祐子・松本由起子 (訳) (2020). 自殺をとめる解決志向アプローチ—最初の10分間で希望を見いだす方法　新曜社)

樋口晴香・氏原将奈・髙橋あすみ (2024). ピアエデュケーションによる看護大学生へのゲートキーパー養成研修の予備的検討　自殺予防と危機介入, *44*(1), 印刷中.

Hill, N. T. M., Shand, F., Torok, M., Halliday, L., & Reavley, N. J. (2019). Development of best practice guidelines for suicide-related crisis response and aftercare in the emergency department or other acute settings: a Delphi expert consensus study. *BMC psychiatry, 19*(1), 6. https://doi.org/10.1186/s12888-018-1995-1

平光良充 (2020). 自記式うつ病スクリーニングテストの回答に欠損がある者の自殺念慮経験リスク　自殺予防と危機介入, *40*(2), 75-81.

廣尚典 (2012). 産業保健活動におけるうつ病の早期発見に関する問題　精神神經學雜誌, *114*(5), 526-531.

堀井俊章 (2020). 大学院生における精神的健康と不登校傾向との関係　横浜国立大学教育学部紀要. I, 教育科学, *3*, 168-177.

Iyengar, U., Snowden, N., Asarnow, J. R., Moran, P., Tranah, T., & Ougrin, D. (2018). A

Further Look at Therapeutic Interventions for Suicide Attempts and Self-Harm in Adolescents: An Updated Systematic Review of Randomized Controlled Trials. *Frontiers in psychiatry, 9*, 583. https://doi.org/10.3389/fpsyt.2018.00583

JASSO（2023）. 大学等における学生支援の取組状況に関する調査（令和３年度（2021年度））https://www.jasso.go.jp/statistics/gakusei_torikumi/2021.html

Kitchener, B. A., & Jorm, A. F.（2008）. Mental Health First Aid: an international programme for early intervention. *Early intervention in psychiatry, 2*(1), 55-61. https://doi.org/10.1111/j.1751-7893.2007.00056.x

小嶋秀幹（2019）. 大学と看護専門学校の教員を対象にした自殺予防ゲートキーパー自己学習教材の効果　自殺予防と危機介入, *39*(2), 106-111.

厚生労働省（2013）. ゲートキーパー養成研修用テキスト. https://www.mhlw.go.jp/stf/seisakunitsuite/bunya/hukushi_kaigo/seikatsuhogo/jisatsu/gatekeeper_text.html#ver3

Lipson S. K.（2014）. A comprehensive review of mental health gatekeeper-trainings for adolescents and young adults. *International journal of adolescent medicine and health, 26*(3), 309-320. https://doi.org/10.1515/ijamh-2013-0320

MacPhee, J., Modi, K., Gorman, S., Roy, N., Riba, E., Cusumano, D., Dunkle, J., Komrosky, N., Schwartz, V., Eisenberg, D., Silverman, M. M., Pinder-Amaker, S., Watkins, K. B., & Doraiswamy, P. M.（2021）. A Comprehensive Approach to Mental Health Promotion and Suicide Prevention for Colleges and Universities: Insights from the JED Campus Program. NAM perspectives, 2021, 10.3147/202106b. https://doi.org/10.3147/202106b

牧田浩一・中谷紫乃・柿原久仁佳・髙橋あすみ・幸坂敬徳（2023）「学生の自殺予防・希死念慮対応ガイドライン」策定の経緯・過程と広報活動の実際　第61回全国大学保健管理研究集会発表抄録集.

Mellanby, R. J., Hudson, N. P., Allister, R., Bell, C. E., Else, R. W., Gunn-Moore, D. A., Byrne, C., Straiton, S., & Rhind, S. M.（2010）. Evaluation of suicide awareness programmes delivered to veterinary undergraduates and academic staff. *The Veterinary record, 167*(19), 730-734. https://doi.org/10.1136/vr.c5427

Mitchell, S. L., Kader, M., Darrow, S. A., Haggerty, M. Z., & Keating, N. L.（2013）. Evaluating Question, Persuade, Refer（QPR）. Suicide Prevention Training in a College Setting. *Journal of College Student Psychotherapy, 27*(2), 138-148, https://doi.org/10.1080/87568225.2013.766109

Morgan, A. J., Ross, A., & Reavley, N. J.（2018）. Systematic review and meta-analysis of Mental Health First Aid training: Effects on knowledge, stigma, and helping behaviour. *PloS one, 13*(5), e0197102. https://doi.org/10.1371/journal.pone.0197102

Mortier, P., Auerbach, R. P., Alonso, J., Bantjes, J., Benjet, C., Cuijpers, P., Ebert, D. D., Green, J. G., Hasking, P., Nock, M. K., O'Neill, S., Pinder-Amaker, S., Sampson, N. A., Viiagut, G., Zaslavsky, A. M., Bruffaerts, R., Kessler, R. C., & WHO WMH-ICS Collaborators（2018）. Suicidal Thoughts and Behaviors Among First-Year College Students: Results From the WMH-ICS Project. *Journal of the American Academy of*

Child and Adolescent Psychiatry, 57(4), 263-273. https://doi.org/10.1016/j.jaac.2018.01.018

Muehlenkamp, J. J., & Quinn-Lee, L. (2023). Effectiveness of a peer-led gatekeeper program: A longitudinal mixed-method analysis. *Journal of American college health, 71*(1), 282-291. https://doi.org/10.1080/07448481.2021.1891080

中森弘樹（2023）．死にたいとつぶやく　座間９人殺害事件と親密圏の社会学　慶応義塾大学出版会

Neimeyer, R. A., Fortner, B., & Melby, D. (2001). Personal and professional factors and suicide intervention skills. *Suicide & life-threatening behavior, 31*(1), 71-82. https://doi.org/10.1521/suli.31.1.71.21307

西原由記子（2003）．自殺する私をどうか止めて　角川書店

野村東太（2002）．自殺防止と生活環境の実態に関する研究―自殺予防と場所・空間に関する研究報告―．堺宣道（主任研究者）．：「平成13年度厚生労働科学研究　自殺と防止対策の実態に関する研究」総括・分担研究報告書．国立精神・神経センター精神保健研究所，61-81.

NPO法人OVA（2023）．子どもの自殺の危険との遭遇に関する実態調査報告書―誰にどのようなゲートキーパー養成研修を実施すべきか？―　https://ova-japan.org/?p=8351

O'Connor, E. A., Perdue, L. A., Coppola, E. L., Henninger, M. L., Thomas, R. G., & Gaynes, B. N. (2023). Depression and Suicide Risk Screening: Updated Evidence Report and Systematic Review for the US Preventive Services Task Force. *JAMA, 329*(23), 2068-2085. https://doi.org/10.1001/jama.2023.7787

Ono, Y., Kawakami, N., Nakane, Y., Nakamura, Y., Tachimori, H., Iwata, N., Uda, H., Nakane, H., Watanabe, M., Naganuma, Y., Furukawa, T. A., Hata, Y., Kobayashi, M., Miyake, Y., Tajima, M., Takeshima, T., & Kikkawa, T. (2008). Prevalence of and risk factors for suicide-related outcomes in the World Health Organization World Mental Health Surveys Japan. *Psychiatry and clinical neurosciences, 62*(4), 442-449. https://doi.org/10.1111/j.1440-1819.2008.01823.x

Ougrin, D., Tranah, T., Stahl, D., Moran, P., & Asarnow, J. R. (2015). Therapeutic interventions for suicide attempts and self-harm in adolescents: systematic review and meta-analysis. *Journal of the American Academy of Child and Adolescent Psychiatry, 54*(2), 97-107.e2. https://doi.org/10.1016/j.jaac.2014.10.009

Pistone, I., Beckman, U., Eriksson, E., Lagerlöf, H., & Sager, M. (2019). The effects of educational interventions on suicide: A systematic review and meta-analysis. *The International journal of social psychiatry, 65*(5), 399-412. https://doi.org/10.1177/0020764019852655

Reidenberg, D. J. (2017). Development of the US Recommendations for Media Reporting on Suicide. In T. Niederkrotenthaler, & S. Stack (Eds.) *Media and Suicide: International Perspectives on Research, Theory, and Policy. Routledge.*（太刀川弘和・髙橋あすみ（監訳）田口高也・白鳥裕貴・菅原大地・小川貴史（訳）（2023）．メディアと自殺：研究・理論・政策の国際的視点　人文書院）

Rein, B. A., McNeil, D. W., Hayes, A. R., Hawkins, T. A., Ng, H. M., & Yura, C. A. (2018). Evaluation of an avatar-based training program to promote suicide prevention awareness in a college setting. *Journal of American college health, 66*(5), 401-411. https://doi.org/10.1080/07448481.2018.1432626

斉藤美香・飯田昭人・川崎直樹 (2013). 学生相談における自殺未遂学生への支援—北海道内大学学生相談室における動向—　北翔大学北方圏学術情報センター年報, *5*, 67-72.

斎藤清二 (2015). 富山大学自殺防止対策システムの構築と評価：自殺関連行動への介入事例の質的分析を中心に　学園の臨床研究, *14*, 5-12.

坂本憲治 (2013). 学生相談カウンセラーの困難に関する探索的研究　川口短大紀要, *27*, 109-122.

佐々木恵美 (2017). 留学生を含めたメンタルヘルスのスクリーニング　CAMPUS HEALTH, *54*(2), 24-29.

佐藤純・影山隆之 (2007). 大学における自殺予防のための大学教職員向けガイドブックが備えるべき要件や留意点　こころの健康, *22*(1), 65-70.

Shannonhouse, L., Lin, Y. D., Shaw, K., Wanna, R., & Porter, M. (2017). Suicide intervention training for college staff: Program evaluation and intervention skill measurement. *Journal of American college health, 65*(7), 450-456. https://doi.org/10.1080/07448481.2017.1341893

Smith-Millman, M., Bernstein, L., Link, N., Hoover, S., & Lever, N. (2022). Effectiveness of an online suicide prevention program for college faculty and students. *Journal of American college health, 70*(5), 1457-1464. https://doi.org/10.1080/07448481.2020.1804389

清水恵子・坂本玲子・大塚ゆかり (2014). A県内教員を対象に実施した生徒・学生の自殺予防教育等に関する調査　自殺予防と危機介入, *34*(1), 19-30.

Snyder, J. A. (1971). The use of gatekeepers in crisis management. *Bull Suicidology. 8*, 39-44.

反町吉秀 (2014). セーフティプロモーションの視点からみる若年層の自殺予防　学校保健研究, *55*(6), 492-498.

Sugawara, N., Yasui-Furukori, N., Sayama, M., & Shimoda, K. (2023). Item response theory analysis of the University Personality Inventory in medical students. *Neuropsychopharmacology reports, 43*(3), 446-452. https://doi.org/10.1002/npr2.12362

杉江征 (2020). 連携と協働　日本学生相談学会 (編) 学生相談ハンドブック 新訂版　学苑社

Stanley, B., Brown, G. K., Brenner, L. A., Galfalvy, H. C., Currier, G. W., Knox, K. L., Chaudhury, S. R., Bush, A. L., & Green, K. L. (2018). Comparison of the Safety Planning Intervention With Follow-up vs Usual Care of Suicidal Patients Treated in the Emergency Department. *JAMA psychiatry, 75*(9), 894-900. https://doi.org/10.1001/jamapsychiatry.2018.1776

末木新 (2020). 自殺学入門　幸せな生と死とは何か　金剛出版

Sueki, H. (2022). Characteristics of Train Stations Where Railway Suicides Have Occurred and Locations Within the Stations. *Crisis, 43*(1), 53-58. https://doi.org/10.1027/0227-

5910/a000761

Sueki, H., Takahashi, A., & Ito, J. (2023). Changes in suicide ideation among users of online gatekeeping using search-based advertising. *Archives of suicide research, 27*(4), 1339-1350.

Shea, S.C. (1999). *The Practical Art of Suicide Assessment: A Guide for Mental Health Professionals and Substance Abuse Counselors.* John Wiley & Sons Inc.（ショーン・C・シア　松本俊彦（監訳）鈴木剛子・近藤正臣・富田拓郎（訳）(2012). 自殺リスクの理解と対応：「死にたい」気持にどう向き合うか　金剛出版）

田所重紀 (2018). メンタルヘルスリテラシー教育への提言―有用なメンタルヘルス対策に向けて―　CAMPUS HEALTH, *55*(2), 83-87.

髙橋あすみ (2021). 大学における自殺予防教育の実践と実装のための課題　精神科治療学, *36*(8), 915-920.

髙橋あすみ・太刀川弘和 (2019). 青少年の自殺予防におけるセルフ・スティグマと援助要請の位置づけ　第43回日本自殺予防学会総会抄録集

高柳功 (2020). 人はなぜ死に急ぐか―小規模精神科病院50年の経験　星和書店

武田弘子・齋藤暢一朗・斉藤美香・川島るい・大崎明美・石原可愛・藤井泰・朝倉聡・橋野聡 (2017). 大学で実施するPHQ-9の呼出基準についての考察：質問項目9と合計得点　CAMPUS HEALTH, *54*(2), 149-154.

田中生雅・荒武幸代・田中優司 (2020). 大学生のメンタルヘルス状況と身近な相談環境に関する調査より　CAMPUS HEALTH, *57*(2), 142-147.

立瀬剛志・須永恭子 (2017). 自殺対策基本法改正に伴う富山県の自殺対策の実態把握及び課題の検討　地域生活学研究, *8*, 16-22.

友利七海・宮里琉真・伊藤義徳 (2023). Defeat and Entrapment Scale日本語版の作成と信頼性および妥当性の検討　日本認知・行動療法学会大会発表論文集, 46, 205-206.

Turley, B. (2018). SafeTALK literature review: An overview of its rationale, conceptual framework, and research foundations. *LivingWorks Education Inc.*

山田裕子・守屋達美 (2018).「こころの健康調査」を用いた心理支援ニーズを有する学生の掘り起こしと電話・面接によるアウトリーチ型支援の試み　CAMPUS HEALTH, *55*, 70-76.

山﨑勇・金井美保子・榛葉清香・下平憲子・野村華子・山岡俊英・大場美奈・高橋徹・高橋知音・森田洋 (2021). 信州大学における学生支援体制の拡充と効果―精神的健康と自殺予防の観点から―　CAMPUS HEALTH, *58*(2), 162-168.

横路佳幸 (2021). 大学院生におけるメンタルヘルス問題について　人文×社会, *1*(1), 107-123.

Yonemoto, N., Kawashima, Y., Endo, K., & Yamada, M. (2019a). Implementation of gatekeeper training programs for suicide prevention in Japan: a systematic review. *International journal of mental health systems, 13*, 2. https://doi.org/10.1186/s13033-018-0258-3

Yonemoto, N., Kawashima, Y., Endo, K., & Yamada, M. (2019b). Gatekeeper training for suicidal behaviors: A systematic review. *Journal of affective disorders, 246*, 506-514.

https://doi.org/10.1016/j.jad.2018.12.052

Zalsman, G., Hawton, K., Wasserman, D., van Heeringen, K., Arensman, E., Sarchiapone, M., Carli, V., Höschl, C., Barzilay, R., Balazs, J., Purebl, G., Kahn, J. P., Sáiz, P. A., Lipsicas, C. B., Bobes, J., Cozman, D., Hegerl, U., & Zohar, J. (2016). Suicide prevention strategies revisited: 10-year systematic review. *The lancet. Psychiatry, 3*(7), 646-659. https://doi.org/10.1016/S2215-0366 (16) 30030-X

Waalen, A., Bera, K., & Bera, R. (2020). Suicide hotspots, interventions, and future areas of work at a Californian university. *Death studies, 44*(9), 569-577. https://doi.org/10.1080/07481187.2019.1595221

第5章

自殺が生じた後の危機に対応する

　具体的な自殺予防対策について述べる最後のこの章では、学生が自殺で亡くなった後に必要なポストベンションについて紹介します。ポストベンションは各大学が事前に対応計画を策定し、事案が発生したら対応チームを編成して支援と対策に取り組むことが重要です（Westfeled, 2006; Andriessen & Krysinska, 2022）。

1　組織的な対応

　日本の大学におけるポストベンションについては集約されている情報に乏しいため、ポストベンションガイドラインや各大学の報告から、実施すべき内容を紹介します。

(1) 情報の集約

　学生が死亡した際には、正しい情報を集約して必要な部署と関係者に共有する必要があります。一報が入ったときの例として、岡山大学では教務の学生担当や学生支援課を介して、学生支援センターの学生相談室と保健管理センターに連絡される流れになっています（岡部他, 2021）。これまでの調査は、私立大学で特に自殺既遂の把握が遅れている可能性を示しているため、定期的な死亡学生実態調査が追い風となって、死亡学生の情報把握が進むことが期待されます。情報集約時の留意事項として、個人情報やプライバシー保護への配慮、推測を伝達しないこと、確認した情報と未確認の情報を区別することなどが挙げられます（内野他, 2009）。

(2) 対応チームの編成と役割分担

　学校での事件や子どもの自殺などの緊急事態が発生した際は、自然災害で地域が被災したときと同じように既存の支援体制のみで対応することが一時的に困難になります。そのため、学校コミュニティに対してこころの緊急支援のための専門家チーム（Crisis Response Team: CRT）が派遣され、スクリーニングや面接、心理教育などの活動が行われてきました（渡邉・窪田，2014）。他方、学生の自殺既遂を少なからず経験してきた国立大学では、複数の専門職から成る保健管理施設や支援センターが指揮を執って、教職員を含めた学内で対応チームを組み、緊急支援から長期的な支援まで行われていることが多いと考えられます。

　大学ではこのような事後対応チームをどのように編成し、役割を分担するのか事前に計画を立てておくことが必要です（表 5-1）。このとき、亡くなった学生の支援を元々行っていた支援者は大きな衝撃を受けるため、対応チームに入らないことを検討したほうがよく、小中規模の大学で事前計画を立てるときには、外部の専門家の力を借りることも検討すべきと考えられます。事前計画の時点でチームの構成員になったスタッフは、事前に自殺予防研修やポストベンションの事例検討など、訓練を受けることが効果的であると考えられます（Andriessen et al., 2019）。

表 5-1　ポストベンションに必要な役割分担の例

・統括者・リーダー（学長、メンタルヘルス部署の長、熟練したスタッフ）

・学生へのケア（支援者）

・教職員へのケア（支援者）

・遺族対応の窓口（教職員）

・情報の集約や開示の確認（教職員）

・コーディネーター関係者への連絡（教職員）

・キャンパス全体の安全管理（教職員、警備員など）

(3) 自殺事例の分析

　自死によって潜在的に影響を受ける範囲を同定し、関係者に支援を行うためには、部活・サークル、友人、教職員とこれまでどのようにかかわりがありどの程度の親密度なのか、なるべく早期に確認する必要があります。また、信州大学では総合健康安全センターが学生の自殺発生時に調査・対策報告書を作成しています（山﨑他, 2022）。学生の自殺が発生した際には、学生の学籍情報以外に、学内外の相談機関の利用歴、死亡時に関する情報（死亡年月日や時間、死亡場所、自殺の手段など）を最低限記録して分析することで、大学は危機管理や危機対応を評価するとともに、今後学内で行う自殺対策を検討することが重要です。

(4) ポストベンションのガイドライン

　大学のポストベンションに特化した国内のマニュアルは現時点では存在していないため、学校現場の緊急支援のマニュアルや国際的なガイドラインを紹介します。

① "How to respond to a student suicide: Suicide Safer guidance on postvention"

　（学生の自殺に対応する方法：自殺の危険にさらされないポストベンションのガイダンス）

　サマリタンズと PAPYRUS が 2023 年に発行した、大学のポストベンション用のガイドラインです。大学全体の自殺対策ガイドライン "SUICIDE-SAFER UNIVERSITIES"（115-116 ページ参照）を基盤に開発されたもので、30 ページ程度でポストベンションの原則、準備と計画、緊急対応、振り返り次の自殺対策につなげるための評価などについて説明しています。また付録として、チェックリスト、ポストベンションチームの編成、学生の突然死後に行うコミュニケーション、インシデント報告の実施、自殺の疑いのある学生への対応など、活用できるツールが付属しています。

② "Postvention: A Guide for Response to Suicide on College Campuses"

（ポストベンション：大学キャンパスにおける自殺に対応するためのガイド）

　アメリカの高等教育メンタルヘルス同盟（Higher Education Mental Health Alliance: HEMHA）プロジェクトが2014年に発行したポストベンション用のマニュアルです。28ページで構成されています。チームを編成し、ポストベンションを実施すること、学生の遺されたソーシャルネットワーキングサービスのアカウントをどうするかなど、具体例を交えて解説されています。

③子どもの自殺が起きたときの緊急対応の手引き（文部科学省，2010）

　学校現場で実施する緊急対応として、態勢づくり、遺族へのかかわり、情報収集と発信、子どもたちの保護者への説明会、子どもたちへの心のケア、学校活動やクラスでの伝え方といった内容が具体的にまとめられた手引きです。特に小規模の大学は、そのまま活用できる点も多くあると考えられます。

組織的な対応 ● まとめ

- 事前に対応計画を立てておき、学生の自殺が発生した場合に、連絡を受けて集約する部署を決める
- 事後対応チームを立ち上げて、役割分担を行う
- 自殺で亡くなった学生の人間関係の情報を集めて、潜在的にケアが必要な関係者を把握する
- 自殺で亡くなった学生の学生生活や相談に関する対応を振り返り、次の自殺対策につなげる

2　関係者に対するケアとサポート

(1) 個人に及ぼされる影響

　学生が突然自死で亡くなったときには、家族、友人、恋人、教職員、学生を見かけたことがある人、現場の目撃者など広範囲に影響が及びます。親密度やかかわりが深かったほど、深刻で長期的な心理的影響を受けやすい傾向があることもまた事実ですが、受ける影響はそれぞれ異なるため、周りが思い込みで

影響を規定せずに、必要とする誰もが必要なサポートを受けられるように支援することが目指されるところです。

　自死による死別による心理的影響には次のようなものがあります。

①喪失とグリーフ

　自死による死別は、喪失に伴う様々な反応であるグリーフをもち、他の死因による死別よりも心理的影響・生活への影響が出やすいことが示されています（Allie et al., 2023）。特に若い学生や職員の場合は、身近な死別を経験すること自体が初めてで、感じたことのない衝撃や悲しみを経験するかもしれません。自死による死別は、自殺のスティグマから感じる恥や罪悪感など、他の死因とは異なるグリーフを示す傾向もあります（Young et al., 2012; Molina et al., 2019）。

②トラウマ

　現場を目撃したり、身体的に損傷のあったご遺体を目にしたりした場合、亡くなった学生と直前まで会っていたり連絡をとっていたりした場合、クライエントとして支援していたセラピストであった場合など、自死によって遺された人々はトラウマ様の症状を呈したり、心的外傷後ストレス障害（PTSD）になる可能性があると考えられます（Young et al., 2012; 藤居, 2022）。

③自殺念慮や自殺への態度の変化

　第1章「3　学生の自殺の危険因子」で紹介したように、自死による死別はその後の自殺企図の可能性を高めるとともに、一部の若年層は、死別前よりも自殺という選択肢を一般化していました（Pitman et al., 2016）。日本においても自死の死別経験によって、「自殺予防は不可能だ」という信念が高まる可能性も示されており（Tsukahara et al., 2016）、自殺の態度の変容も、間接的に自殺のリスクを高めることが考えられます。

(2) 学生とのコミュニケーション

　亡くなった学生と接触のあった学生や教職員、死亡の事実を知りうる範囲の学生や関係者に対して、事実を冷静に伝え、喪失に伴う反応に対する心理教育や、今後のサポートに関する情報提供を行う必要があります。公式の伝達が何もない場合には、学生間では噂や不確かな情報が広まることがあるため、学生

の突然の死について正確な事実を伝えることが重要です。学生と教職員は、か
かわりの度合いや反応が異なると考えられるため、情報伝達も分けて実施する
必要があります。

　学生の死亡について伝える際に「自死」という死因を伝えるかどうかについ
て、山﨑他（2021）は信州大学の既遂事例後のポストベンションについて振り
返り、学生が自死の事実を知る可能性が高い場合には伝えていたことが多かっ
たものの、家族や本人の意向、休業期間中の事例などによって異なるといいま
す。そのため、亡くなった学生の事例を踏まえて個々に検討する必要があると
考えられます。

　学生の心のケアのために、個人に起きる可能性のある心身への反応を、資料
などを用いて分かりやすく伝える心理教育を行います。死別に対する反応は人
それぞれであるにもかかわらず、人と異なる反応を示す人には非難や偏見の目
が向けられることがあります。そのためグリーフが自然な反応であることだけ
でなく、人それぞれ表れ方や表れる時期が異なる可能性があることを伝えま
す。また、自死であると伝えた場合には、学生たちが責任を感じる必要がない
ことを認識してもらうことが大切です（Streufert, 2004）。

　さらに、模倣自殺を防ぐためには、自死を美化して伝えたり亡くなった人を
英雄視したりしないこと（例：「○○さんの最期は勇敢だった」）、自殺が解決策
であるかのように伝えないこと（例：「苦しさから解放された」）、自死の具体的
な方法や場所を伝えないことが重要です。同様の理由から、亡くなった学生に
ついて SNS で発信する際の留意点についても伝える必要があります。

　また、学内外で提供する心のケアや具体的なサポートを伝えるとともに、自
死で大事な人を亡くした人の集いなど社会資源を紹介することが重要です。自
死による死別は、周囲が話題にしにくく感じるため身近な支援を受けにくく、
さらに遺された人の感じるスティグマから専門的な支援も受けにくい傾向が示
されているため、積極的に支援者やサポートにアクセスできるように援助する
必要があります（Pitman et al., 2018）。

　このとき、「自死」や「遺族」のような喪失に着目したケアやサポートだけ
でなく、トラウマに注目したトラウマ・インフォームド・ケア（TIC）の重要
性が示唆されています（Mirick et al., 2023）。TIC は具体的な治療方法や技法

ではなく、トラウマがもたらす影響を認識するための視点のことを指します。TIC には６つの主要原則[16]があり、そのうちの１つに「ピア・サポート」が含まれます。そのため、TIC の視点を通して、故人と関係性の近かった友人同士のピアサポートグループなど、ポストベンションの個別具体的な支援を検討することができます。

(3) 生活面での配慮

喪失は学生生活にも影響を与えるため、大学側が授業の欠席を認める、試験時期をずらす、課題の締め切りをずらすといった配慮を行うことが、遺された学生にとって有用であったことが示されています（Pitman et al., 2018）。この視点は学生と同じく自死の影響を受けている対応チームや教職員、支援者に対しても忘れずにもち、実務的なサポートを組織が提供できるようになることが望まれます。

自宅生が多く、進学の選択肢が少ない地域の大学の場合、同じ大学に兄弟姉妹が通っている可能性があります。友人より兄弟姉妹のほうが複雑な悲嘆やうつ、自尊心の低下などを報告しやすいため（Herberman Mash et al., 2013）、もし片方の学生に自殺の危機があったり自殺が発生したりした場合には、兄弟姉妹の学生は、他の学生より強力なサポートが必要であると考えられます。

同様に、学生が在学中に自死遺族になる可能性があります。コープ共済連（2021）の生命共済によれば、学生の父母や扶養者の死亡のうち、11.4 ％が自死でした。大学内で起きた自死でなくとも、在学中に自死遺族となった学生にケアやサポートを大学が提供できることも、関係者に対するケアやサポートとして言及しておきたいと思います。

16　TIC の６つの主要原則は「安全」「信頼性と透明性」「ピア・サポート」「協働と相互性」「エンパワメント、意思表明と選択」「文化、歴史、ジェンダーに関する問題」である。

┌───┐
│　　　　　　**関係者に対するケアとサポート ● まとめ**
└

- 自死による死別によって、関係者にどのような影響があるのかを理解する
- 学生や教職員に正しい情報を伝え、必要な心理教育を行い、積極的にサポートにアクセスできるように援助する
- ピアサポートグループなど、個別具体的なケアを考える
- 心理的な面だけでなく学生生活の面での配慮を検討する

引用文献

Andrissen, K. & Krysinska, K.（2022）. Suicide Postvention in Higher Education Settings. In M. sharon, & J. Smith（Ed.）. *Preventing and Responding to Student Suicide : A Practical Guide for FE and HE Settings.*

Andriessen, K., Krysinska, K., Hill, N. T. M., Reifels, L., Robinson, J., Reavley, N., & Pirkis, J.（2019）. Effectiveness of interventions for people bereaved through suicide: a systematic review of controlled studies of grief, psychosocial and suicide-related outcomes. *BMC psychiatry, 19*(1), 49. https://doi.org/10.1186/s12888-019-2020-z

藤居尚子（2022）学生の自殺とカウンセラーへの支援に関する一論考―公認されない悲嘆を大学組織での支援につなげていくために―　京都大学学生総合支援機構紀要, *1*, 19-30.

Herberman Mash, H. B., Fullerton, C. S., & Ursano, R. J.（2013）. Complicated grief and bereavement in young adults following close friend and sibling loss. *Depression and anxiety, 30*(12), 1202-1210. https://doi.org/10.1002/da.22068

Mirick, R. G., McCauley, J., & Bridger, J.（2023）. Integrating trauma-informed principles into suicide prevention, intervention, and postvention. *Practice Innovations, 8*(4). 305-316. https://doi.org/10.1037/pri0000212

Molina, N., Viola, M., Rogers, M., Ouyang, D., Gang, J., Derry, H., & Prigerson, H. G.（2019）. Suicidal Ideation in Bereavement: A Systematic Review. *Behavioral sciences*（*Basel, Switzerland*）, *9*(5), 53. https://doi.org/10.3390/bs9050053

文部科学省（2010）. 子どもの自殺が起きたときの緊急対応の手引き　https://www.mext. go.jp/a_menu/shotou/seitoshidou/1408018.htm

岡部伸幸・兒山志保美・宮道力・大西勝・河原宏子・中西順子・岡香織・黒木清美・樋口千草・二宮崇・岩﨑良章（2021）. 大学内事後対応チームと学外医療機関の連携について CAMPUS HEALTH, *58*(1), 161-162.

Pitman, A., Nesse, H., Morant, N., Azorina, V., Stevenson, F., King, M., & Osborn, D.（2017）. Attitudes to suicide following the suicide of a friend or relative: a qualitative study of the views of 429 young bereaved adults in the UK. *BMC psychiatry, 17*(1), 400. https://doi.org/10.1186/s12888-017-1560-3

Pitman, A. L., Stevenson, F., Osborn, D. P. J., & King, M. B.（2018）. The stigma associated with bereavement by suicide and other sudden deaths: A qualitative interview study. *Social science & medicine* (*1982*), *198*, 121-129. https://doi.org/10.1016/j.socscimed. 2017.12.035

Streufert B. J. (2004). Death on campuses: common postvention strategies in higher education. *Death studies, 28*(2), 151-172. https://doi.org/10.1080/04781180490264745

Tal Young, I., Iglewicz, A., Glorioso, D., Lanouette, N., Seay, K., Ilapakurti, M., & Zisook, S. (2012). Suicide bereavement and complicated grief. *Dialogues in clinical neuroscience, 14*(2), 177-186. https://doi.org/10.31887/DCNS.2012.14.2/iyoung

Tsukahara, T., Arai, H., Kamijo, T., Kobayashi, Y., Washizuka, S., Arito, H., & Nomiyama, T. (2016). The Relationship between Attitudes toward Suicide and Family History of Suicide in Nagano Prefecture, Japan. *International journal of environmental research and public health, 13*(6), 623. https://doi.org/10.3390/ijerph13060623

内野悌司・磯部典子・品川由佳・栗田智未（2009）．大学キャンパスにおける事件・事故等への危機対応システムに関する臨床心理学的研究　平成19年度〜平成21年度科学研究費補助金基盤研究（C）研究成果報告書．

渡邉素子・窪田由紀（2014）．心理危機状況の分類と支援のあり方について　名古屋大学大学院教育発達科学研究科紀要．心理発達科学, *61*, 147-154.

山崎勇・糸川航平・山岡俊英・森光晃子・山崎暁・髙橋徹・髙橋知音・森田洋（2021）．自殺のポストベンション対応の決定過程に関する分析　第44回全国大学メンタルヘルス学会発表抄録集．

第 3 部

これから学生の
自殺を防ぐために

第**6**章

全学的な自殺予防に取り組む
個人の視点

　大学における自殺予防対策は、誰が何をすべきなのか外的に決められていません。役割が不明確であるため何から始めたらよいのか困惑してしまいますが、反対にいえば、問題意識をもった誰もが、大学における自殺予防対策を始めることができるはずです。この章では自殺予防に取り組む個人視点でできることを考えてみます。

1　個人が取り組みを始めるために

　まずは様々な自殺予防対策のモデルを参考に、大学の自殺対策の現状を整理し、大学で不足点や脆弱さの感じられる部分を同定する必要があります。次に、規模の類似した大学の取り組みを参考に、新しい取り組みを導入することを検討します。これを全学的に広げていくには、関係者との合意形成を経て「実施しよう」という意思決定を学内の誰かが行う必要があります。ところが、1人の教員、職員が自殺を防ごうとする取り組みを始めた数歩先に立ちふさがる壁があります。それが「学内の合意形成」です。

(1) 自殺予防対策に関する合意形成の課題

　大学生の自殺予防研究班の調査では、学生に対して自殺予防に関する複数の教育研修のどれかを実施困難とした155大学のうち、困難理由に「全学的な合意形成の問題がある」を選択していた大学は96校（61.9％）もあり、大学の自殺対策を進める障壁になってしまっている状況がうかがえます。

　関係者との合意形成は、学校に自殺予防教育を導入する手順の中で推奨されてきました。文部科学省（2014）の自殺予防教育導入の手引きには、学校、保

護者、地域の関係機関との合意形成についてページが割かれており、どの関係者間でも、子ども対象の自殺予防教育の必要性と内容に関する共通認識を図っておくことが勧められています。とりわけ保護者が自殺予防教育の導入にあたって不安を抱くことは自然であるとし、丁寧な説明や一緒に考えていく姿勢が必要であると説かれています。ここから、自殺対策の合意形成を進めるためには、**必要性の共有**と**不安の受け止めと緩和**が重要な要素であると考えられます。

(2)「必要性の共有」が必要な理由

まずは、学内に自殺予防対策の必要性を共有することです。第1部で述べたように全国の学生の自殺の実態を目の当たりにし、コロナ禍で学生のメンタルヘルスの問題を多くの関係者が経験したことも相まって、社会的に学生の自殺対策が必要であることに異議を唱える関係者はあまりいないはずです。しかしながら、教職員が自分の大学で自殺対策がすぐに必要である、と考えるかどうかについては意見が分かれるかもしれません。さらに、自分自身が何らかの対策を担う必要があるかどうかまで議論を進めると、「余計な仕事が増える」「専門家がやればいい」などと考えて反対する人さえいるかもしれません。西尾（2023）もまた、大学が自殺者の把握や情報提供に消極的であることを取り上げ、異文化感受性モデルという考え方に基づき、できるだけ不関与を好む傾向が大学側や教職員側にある可能性を指摘しています。

大学現場は自殺予防対策の優先順位が高まりにくい状況に置かれているといえます。背景の1つは、自殺既遂の経験の違いです。学生の自殺率は1万人規模の大学でも年間1人の自殺既遂が起きるかどうかの確率（これを多いととるか少ないととるかは意見の分かれるところかもしれませんが）であり、先述したように小規模な大学ほど自殺が起きにくいのです。そのため、これまでに一度も学生の自殺既遂を経験していない大学も存在するはずです。また、学生の自殺既遂が生じていた場合でも、個人情報保護や守秘義務などのため大々的に教職員や学生に周知されているとは考えにくく、全学的にみても自殺は「ひっそりと」生じているケースが多いと考えられます。さらに、いじめ被害の可能性が取り沙汰される中学・高校生の自殺と異なり、学生の自殺がメディアで取り上

げられるような公共性・新規性の高い事件となる頻度は低いです。したがって、学生支援現場で学生から自殺の相談を多く受けている支援職の体感と異なり、それ以外の教職員は自殺への問題意識を実感としてもちにくいことが考えられます。

　また、現場が多忙であることも要因の１つです。昨今、学生の巻き込まれるハラスメント問題、大麻や闇バイト問題、障害学生やLGBTQ+の学生への合理的配慮など、すでに顕在化しているニーズや学生の絡む問題への対応で大学現場は非常に忙しくなっています。これらは法律が絡み、メディアでも大きく取り上げられ、大学の志願者数や社会的信用にもすぐに影響するため、大学が取り組む優先順位は必然的に高まるでしょう。さらに、大学教員は研究活動がままならないほど事務仕事で疲弊していることも指摘されています。その背景には運営費交付金の減少があり、建物の修繕費用も出せない国立大もあると耳にします。そのような状況で、実際に起きたこともなければ今後起きる可能性も高いとはいえない学生の自殺を防ぐための対策が、後手に回ってしまうのも無理はありません。

　一般的にも、自殺に関する問題への理解はいまだ十分に醸成されていません。全国の自殺対策に対する意識調査（厚生労働省, 2022）では有効回答者2,009名のうち、自殺で毎年多くの方が亡くなっていることを知らなかった人が45.2％、自殺対策基本法を知らなかった人は75.2％もいました。また「自殺対策は自分自身に関わる問題だと思うか」という質問に「そう思う」「どちらかと言えばそう思う」と答えた人は、合わせて36.0％しかいませんでした。

　無念にも、自殺対策の必要性や重要性を認識するのは、一度身近なところで自死が起きた後になってしまいやすいのです。自殺既遂が生じた大学のほうが自殺対策を実施している傾向にあることを前述しましたが、個人でみても自殺対策の必要性の認識と、親しい者の自殺既遂を経験しているかどうかは関連する可能性が示されています（末木, 2017）。当事者体験があまりないために自殺対策を必要だと考えない世界の方が平和かもしれませんが、潜在的に自殺の危険をもつ人の多い世界で、自殺が起きてから自殺対策を始めるのでは遅すぎるのです。

　そのため、学生の自殺の問題の緊急性と対策の必要性を強調し、自殺対策を

やるかやらないかを大学が選択している場合ではなく、やらなければならないのだと訴えていくことが重要だと考えられます。自殺対策を行うと先に決めて、次に具体的な実施内容について計画を立てていけばよいのです。

(3) 学生の自殺対策が必要である理由

では、確率的に起きにくい学生の自殺対策に取り組まねばならない理由をどのように説明するのがよいでしょうか。ここで、大学が積極的に行っていくべき理由を5つ挙げてみます。もしも、これら5つの理由をもってしてもなお、大学における自殺対策に何らかの反対意見を示す人がいる場合は、仕事が増えて自分の本来の仕事や生活がままならないのではないか、という心配が強いとか、またそれ以外に、死生観、自殺に対する態度、自殺を考えている人に対するスティグマ、自らの自殺念慮の経験など様々な心理要因が関連している可能性もあります。その場合は不特定多数の人と話し合うような会議体ではなく、その人との真摯な対話の機会をもつことが必要だと考えられます。

①自殺にかかわる問題を潜在的にもつ学生が多いため

既遂はまれな現象であっても、既遂につながる自殺企図、自殺念慮を在学前から在学中にかけて経験している学生は、第1章で述べたように少なくありません。また、ACEなどの自殺の危険因子を有する学生の数は計り知れません。自殺の危険因子である精神障害をもつ学生数も令和4年は15,787人（障害学生の31.8%）で、年々増加しています。教職員が把握していなくても、在学中に身近な友人や恋人などから自殺について相談されたり、SNSで自殺の危険を発見したりして、困惑する経験をしている学生も少なくありません（Cerel et al., 2013）。そのため、大学は今後の自殺企図の確率だけでなく、今現在あるはずの自殺念慮や自殺の危険因子を有する学生に目を向ける必要があります。

②大学で自殺企図が起きると甚大な影響があるため

2通りの影響があります。1つは自殺のリスクをもつ学生の自殺が誘発される可能性です。短期間に連続して自殺が起きる現象を群発自殺といい、若者の間で発生しやすいことが分かっています。もう1つは遺された人に及ぼされる心理的な影響です。遺族はもちろん、かかわりの深かった友人、教職員、顔見

知りのような関係性であったとしても、学生が亡くなる衝撃は大きく、複雑性悲嘆などの強い影響が長期に続く可能性があります。仮に未遂に終わっても、周囲はさまざまなショックを受けるでしょう（第5章参照）。

③年齢を重ねるとともに自殺率が高まるため

現代では小学校から高校までの間にストレス対策の教育、SOSの出し方に関する教育などを受ける機会や、スクールカウンセラーへの相談機会も昔より拡大していますが、それでも子どもの自殺は減っていません。加えて、年齢が高まると自殺率は高くなっていきます。学生が卒業・修了・退学などを機に社会に出ると、メンタルヘルスに関する情報の受け取り方や、専門家に相談できる機会には格差も生まれます。そのため、多くの人にとって大学在学中は、社会に出る前に自殺の保護因子となるサポートや情報などが提供できる重要な時期なのです。言い換えれば、在学中の自殺予防対策によって、卒業生・修了生の自殺を防ぐことにまでつながる可能性があります。卒業生・修了生の自殺を防ぐことは、自死遺児・遺族を生まない社会づくりにもつながります。

④自殺を防ぐことで大学や社会に利益があるため

まず経済的な利点があります。自殺予防対策を行うコストを懸念する大学もあると思いますが、学生が大学に通い続けてくれることは、学費という大学の収入になります。また、自殺予防のために大学で行った公衆衛生上の多面的な取り組みのコストと、回避された自殺未遂に係る入院や他のメンタルヘルスサービスを利用する推定コストを比較した結果、自殺予防対策が潜在的なコスト削減につながる可能性を示す研究もあります（Garraza et al., 2018）[17]。

大学で行われる自殺予防対策の一部は、教職員の利益にもなります。啓発や相談機関の周知は、教職員も含むキャンパス全体が対象となり、心の問題を抱える教職員にも良い環境づくりになります。また教職員向けの研修は、学生から自殺の相談を受けたときの動揺や不安を和らげることにつながります。

17　このアメリカの研究では、ギャレット・リー・スミス（GLM）大学自殺予防助成からの資金提供を受けた大学が取り組みを行っています。GLM はオレゴン州議員のゴードン・スミスの息子であるギャレットが22歳のときに自死で亡くなった後に制定されました。このように、いずれは日本でも大学が自殺予防対策を行うための資金が補われる仕組みがあることが目指されます。

⑤自殺対策基本法で定められているため

　自殺対策基本法には、大学も自殺対策に関与する必要がある旨が含まれています。第8条では、国、地方公共団体、医療機関、事業主、学校等が自殺対策の総合的かつ効果的な推進のため、相互に連携を図りながら協力するものとされ、第17条第3項で学校は、①各人がかけがえのない個人として共に尊重し合いながら生きていくことについての意識の涵かん養等に資する教育又は啓発、②困難な事態、強い心理的負担を受けた場合等における対処の仕方を身に付ける等のための教育又は啓発、③その他心の健康の保持に係る教育又は啓発を行うよう努めるもの、とされています。法律の条文では「児童・生徒等」とされ学生と明記されてはいませんが、学校に大学が含まれるため、当然学生にも当てはまります。

(4) 自殺予防対策への不安に向き合う

　自殺予防対策への不安の中核には、「自殺が起きたらどうしよう」という既遂への不安があります。さらに細かく挙げると「自殺について大学で取り上げたら、かえって自殺が増えるのではないか」という、テーマそれ自体への不安、対策に取り組んだ結果として「自殺が生じたら誰が対応すればよいのか」という責任や役割の不安、「実際に自殺予防効果があるのか」という効果への不信の念などです。

　このような不安や懸念が沸く理由の1つは、社会が自殺に関する話題をタブーとしてきた（いる）ためです。自死で亡くなった人について社会では触れてはいけないものとされ、自死遺族は長い間、偏見や差別に苦しんできました。時代が変わりつつある今も、偏見や差別を経験している自死遺族がいます。このようなタブーにつながる、自殺に関する迷信や誤解があります（**表6-1**）。今でこそ自殺に至る心理を説明する簡潔な理論がいくつも提案されていますが、このような迷信は、かつて個人の自殺の輪郭をなかなか掴めなかったことをも表しているのか、特に①は誤解というよりも、不安を表している一文と見ることも可能かもしれません。

　今なお残る迷信は、一対一で自殺について話すときだけでなく、集団に対して自殺の問題を話すときにも適用されてしまい、特に教育や啓発の中で「死」

表 6-1　自殺に関する迷信

> ①自殺について語ることは良くない考えであり、自殺を助長するものと捉えられてしまう可能性がある。
> ②自殺について語る人は自殺するつもりはない。
> ③自殺を考えている人は死ぬ決心をしている。
> ④自殺の多くは何の前兆も無しに突然起きる。
> ⑤一度自殺を考えた人は、ずっと自殺したいと思い続ける。
> ⑥精神疾患のある人だけが自殺を考える。
> ⑦自殺関連行動は容易に説明することができる。
> ⑧自殺は困難な問題を解決する適切な手段である。

自殺総合対策推進センター（2019）より。

「自殺」というキーワードに触れることで、却って自殺の考えが思い浮かぶようになり危険ではないか、と思われることも少なくありません。ともすれば最近はウェルテル効果——自殺が過度に不適切に報道された後に自殺者数が増加する現象——の認知度が高まってきたことから、自殺について話すと自殺を促す、という誤解を強めてさえいるかもしれません。その一方で、マスメディアによる自殺報道は、WHOによるガイドラインが社会に認知され出しているのにもかかわらず、ガイドラインを遵守しきれていません。すなわち私たちはまだ、社会として自殺の話題をどのように取り扱うことが安全で適切な方法なのか、十分に分かってはいないのです。

　そのため、一人一人がどのように自殺について話し合えばよいのか分からず、自殺予防対策についても不安な気持ちをもつのは当然のことです。合意形成の段階ではその不安を受け止め合い、自殺に対する個々の認識を調整し合うことによって、不安の緩和を目指すことが重要と考えられます。

　同じようにして、自殺が生じた場合の責任・役割への不安に対しても、自殺が複合的な要因で起きることから誰か1人が単一に責任を負うべきでは決してないことを確認し、自殺対策の具体的な内容や効果や課題を知ることで、不安が解消されていく可能性があります。

　自殺対策の効果への不信の念については、自殺予防対策の科学的根拠を示し、何が効果的でどのようなことは不適切と考えられるのかを、明確に伝えることが、多様な専門性をもつ人の集まる大学では説得力をもちます。ただし、

研究知見は積み重ねられている最中であり、国際的にエビデンスが得られていることでも、実際にその大学で適用して効果を評価してみないと自殺予防に与える真の効果や副作用は分からないのもまた事実です。そのため、初めてあるアプローチを導入する際には効果を検証すること、かつ入念な準備、そして有事の際に学内外の専門機関と連携する手配をしておく、といったフォロー体制をつくっていく必要があります。

(5) 合意形成の準備

　合意形成の壁は、自殺対策のステップを進める対話のチャンスだと捉えることができます。だれしも不安に思うことは当然ですから、それを逆手にとって大学でできる範囲の対応・対策を多角的に話し合うことから始めます。大学で自殺に関する問題意識をもった特定の教職員が、何らかの対策を提案して実際に実施に向かっていくプロセスについて、保健師の事業化プロセスを検討した吉岡・村嶋（2007）が参考になります。

　事業化とは、保健師が個人や家族の健康や生活にまつわる問題を支援、解決するために新たな事業を開発し、提供するプロセスです。この調査では、保健師個人の要因と自治体や所属組織の要因のうち、どれが事業化の経験に関連するか検討しました。その結果、自治体や所属組織の要因は関連しなかった一方で、保健師の過去の事業化経験、保健・医療・福祉に関する専門誌を読むことが事業化経験と関連していました。また、新規事業を提供した保健師は、事業化の必要性を認識していなかった保健師、提案したが提供はしていない保健師と比べて、日頃から住民への支援について職場の人と相談していることも示されました。このことから著者は、合意形成段階においては、職場での日常的な意思疎通が重要であることを示唆しています。

　さらにその後の研究（吉岡・村嶋，2013）では、保健師が事業化する際の困難として、大学現場とも共通するであろう「多忙」「予算不足」「人手不足」「組織内外における合意形成の難しさ」「上司の事業化に対する考え方」といった内容が挙げられました。そして、実際に事業を提供できた保健師においては、先述したような「事業化の必要性を根拠に基づき説明する」「日頃から事業化を円滑に進めるための情報共有をする」「関係者の理解・協力を得て事業

化への合意形成を図る」「予算を捻出する」といった解決策をとることが多かったことが示されています。合意形成の難しさに対して合意形成を図る、予算不足に対して予算を捻出するなどトートロジーな部分もありますが、このような知見は参考にできるでしょう。

　大学でも個人が自殺対策に限らない何らかの取り組みを学内で興す経験を積むことはもちろん、合意形成に至るまでには**個人の情報収集→日頃の情報共有→根拠のある必要性の説明→関係者の理解と協力**といった段階をふむことをイメージして、教職員同士で学生の支援に関するコミュニケーションを普段から積極的に図ることが、合意形成を進める第一歩と考えられます（**図6-1**）。

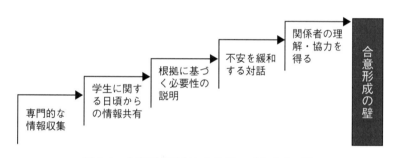

図6-1　合意形成に向かうステップのイメージ

2　大学人の自己研鑽

（1）他者と自殺の問題について話し合う練習

　SNSやニュースサイトでは自殺の問題に関する書き込みや意見をよく見かけます。しかし、実際に自殺について誰かと直接話し合ったことがある人は、書き込みの数よりずっと少ないのではないでしょうか。インターネットで匿名のほうが話しやすいのは、自殺を考える人だけではないのです。

　しかし、自殺予防対策を進めるには自殺の問題に関する議論を他者と進めなければなりません。また、学生から自殺に関する相談を受けたときに話題をそらさずに向き合う必要があります。当然のことながら、個人の自死について話題に取り上げることは、様々な立場の人がいるため慎重になる必要がありま

す。大学教職員にも自死で誰かを亡くした経験や自殺企図の経験をもつ人など、公にはしていなくても様々な立場があります。いざ話し合おうとすると、どのような言葉遣いで、どのような表情で話したらいいのか、受け止めたらいいのか、戸惑うこともあります。そこで安全に議論を進める心の準備のために、タブー視を止め、他者と話題を共有することに「慣れる」練習が有用と考えられます。そこでしてみてもらいたい練習に、①ニュースを議論する、②フィクションの感想を共有する、ことがあります。

　①メディアには自殺予防につながるニュース、例えば自殺事件の究明や自殺防止に貢献した市民の表彰、自殺予防の専門家に対するインタビュー記事などがあります。これらの内容は多くの人が目にしているため、同じスタートラインに立って話し合いやすいテーマの１つです。個人的な経験ですが、前の職場では筆者の活動内容に同僚の皆さんが慣れていったのか、積極的に自殺に関するニュースや記事の存在を教えてくれたり、大きな報道があったときに意見を話してくれたりすることがよくあり、安全に話し合いができている感覚をもてていました。個人の自殺の報道があった場合についても、視聴者は大小あれど何らかの思いを抱くため、一度話題に触れてみて、話せそうであれば率直に感じたことを話し合った方がよいでしょう。

　②映画、小説、漫画、絵画などで自死を扱っている作品は多くあります。芸術作品なので、報道よりも他者に紹介しやすい利点があります。話の概要や感想を伝えたり、聞いたりしてもらう中で、自分自身が自死のテーマにどのような態度や考えをもっているのか、他者と話し合うときにどのようなことに留意すべきなのか、といった学びが得られるでしょう。

(2) ネガティブ・ケイパビリティを高める

　コロナ禍で話題になったキーワードの１つに、ネガティブ・ケイパビリティがあります。これは、自分の心の中の葛藤も自然なことであると否定しない力や、決断や決定を急がず、目の前の状況に向き合いつつ、不確実な状態に耐える力のことを指します（有田，2021）。似ている概念として心理学には「曖昧さへの態度」があり、曖昧である状況への不安が、強迫傾向や抑うつと関連する可能性が示されています（西村，2007）。

　自殺予防も取り組みの過程は曖昧さの連続です。死にたいと話す学生が死と生の間で揺れ動いていることに気づいたとき、自分の取り組んだアプローチの結果が分からずに不安になったとき、学生が本当に亡くなるのではないかという恐怖に直面したとき。人はいつ亡くなるのかは誰にも分かりませんが、自殺を考えている人が「死に傾く」と言われるように、生と死の振り子が揺れ動く限り私たちは不安を感じます。また、自殺予防対策は多くの場合、効果があると断言できません。そのため、自分の中に起こる恐れも不安も否定しないでいられる心構えは、自殺予防に取り組んでいく上で非常に大切であると考えられます。

　枝廣（2023）は著書の中で、ネガティブ・ケイパビリティを高める方法を、意識（例：分からないことがあることを認める）、日常的な練習（例：美術、文学、演劇などに親しむ）、枠組み（例：ひとりディベート）の観点で紹介しています。白黒はっきりさせたがりの筆者はネガティブ・ケイパビリティの言葉を知ってから、明らかに自分がこの力に足りていないことを自覚し、予定やスケジュールがはっきりしない状況に耐えることを意識したり、分からないものをすぐに調べずに「まあいいか」と思う時間をつくってみたりしています。

(3) 自分の生活・健康を大切にする

　他者を支援する基盤となるのは、自分自身の生活と健康です。自分の生活が不安定である、健康状態があまり良くない、心の調子が優れない、というときに自殺予防対策に不本意に取り組まなければならない状況は自分にとっても相手にとっても有益とは言い難くなります。例えば、家族が辛い闘病生活をしていて、支える自分の生活も心もしんどい中で、教職員の仕事を何とか続けていると仮定しましょう。そこで、死にたいと話す学生に対応することになったとき、様々な葛藤が頭の中をめぐる可能性があることを想像できます。思わず学生に「そんなこと言うな、生きたくても生きられない人もいるんだ」と叱りたくなるかもしれませんし、冷たい対応しかできないかもしれません。本当は自分の事情と学生の事情は全く関係なく、切り離して考える必要があるのですが、人間なのでうまく境界線が引けないときもあります。

　今のところ、自殺予防対策に取り組むことで、その人の自殺リスクが高まる

ということを示した研究はありませんし、経験的には自殺予防に取り組む中で
メンタルヘルスに関する知識を学んでいき、自他の役に立ったと感じる人は多
いのではないかと思います。しかし、自殺予防対策に従事していた電話相談員
は、コロナ禍での過重労働や自分の知識不足にストレスや心理的苦痛を感じて
いました（Ujihara et al., 2023）。大学をめぐる状況が今、あまり健全とはいえ
ない現在、私たち自身の生活や健康の基盤を確認し、大切にする必要がありま
す。私たちが困まったり悩んだりしたときにこそ、誰かに話し、頼りにしてい
きましょう。

column 06

地方の大学と都会の大学の自殺予防の違い

　人口密度が高く商工業や文化が発展している都会と、都会から離れた地方。
地域と自殺の関係は古くからの関心事で、一部の国では地方のほうが、自殺リ
スクが高いことを示しています（Milner et al., 2012; Kanamori et al., 2020）。
都会と地方の目安の 1 つとして、都道府県別の大学数・学生数の上位・下位 5
位を表6-2 に示しました。東京都だけで大学の 17.9 %、学生数の 26.3 %を占
め、上位 5 位まで入れると大学数の 39.8 %、学生数は 53.7 %にまで上ります。

表6-2　都道府県別の大学数（上位・下位 5 位）と住居地別の学生・生徒等の
　　　　5 ヵ年平均自殺者数

		大学数	学生数	自殺者数			大学数	学生数	自殺者数
1	東京	145	775,232	143.2	43	秋田	7	10,068	5.6
2	大阪	58	254,809	67.0	44	香川	4	9,930	6.0
3	愛知	52	194,846	61.8	45	鳥取	3	7,880	2.2
4	神奈川	33	188,900	62.8	46	佐賀	2	8,625	5.0
5	京都	34	169,124	22.6	47	島根	2	8,125	5.2

令和 5 年度学校基本調査、自殺統計から作成。自殺者数は 2017-2022 の 5 ヵ年平均とした。

　地方は学生数が少なく自殺者数も少ないですが、社会資源も少ない点は課題
として挙げられます。非人口密集地で精神疾患罹患率が高いことを示した本橋
他（2013）は、都市部のほうが精神科を受診しやすく重症化しにくいことを示

唆しています。また、田辺・鈴木（2019）によれば、男性では都道府県の精神
保健福祉士数、女性では悩み相談指標の影響の大きさが自殺率に関連し、地域
の自殺予防施策や相談しやすい環境が重要であることを示唆しました。上位5
位都府県は大学進学時の地元残留率が高く、自宅から通っている学生も多いと
推測される一方で、地方出身者が県外の大学に行く場合はほとんど自宅外通学
を意味します（朴澤, 2016; リクルート進学総研, 2023）。つまり、都市部に比
べて地方は、フォーマルな支援もインフォーマルな支援も受けにくい可能性が
あります。したがって、地方の大学は特に学内の相談体制を充実することや学
内外連携を進めてネットワークをつくり、学生をサポートするための網の目を
張り巡らせることが重要であると考えられます。

　自殺希少地域の研究を続けている岡（2020）は、自殺の危険因子からは免れ
なくても、人々が緩やかなつながりをもつ地域コミュニティの在り方が、集団
の在り方を考える上でのヒントになるといいます。学外に多くの刺激がある都
会では、あえて学内の友人づくりや居場所などコミュニティ機能を強化し、地
方では大学で完結しないように地域に出る機会をつくることが、緩やかなつな
がりの構築に必要かもしれません。

引用文献

有田伸（2021）. ネガティブ・ケイパビリティと新型コロナ感染という危機　日本労働研究雑誌, *63*(4), 90-94.

Cerel, J., Bolin, M. C., & Moore, M. M.（2013）. Suicide exposure, awareness and attitudes in college students. *Advances in Mental Health, 12*(1), 46-53. https://search.informit.org/doi/10.3316/informit.210860519363657

枝廣淳子（2023）. 答えを急がない勇気　ネガティブ・ケイパビリティのススメ　イースト・プレス pp.112-153

Garraza, L. G., Boyce, S. P., Walrath, C., Goldston, D. B., & McKeon, R.（2018）. An Economic Evaluation of the Garrett Lee Smith Memorial Suicide Prevention Program. *Suicide & life-threatening behavior, 48*(1), 3-11. https://doi.org/10.1111/sltb.12321

朴澤泰男（2016）. 高等教育機会の地域格差―大学進学の費用と便益に着目した実証的研究―東京大学大学院学位論文

自殺総合対策センター（2019）. 自殺対策を推進するためにメディア関係者に知ってもらいたい基本知識 2017 最新版

Kanamori, M., Kondo, N., Juarez, S., Dunlavy, A., Cederström, A., & Rostila, M.（2020）. Rural life and suicide: Does the effect of the community context vary by country of birth? A Swedish registry-based multilevel cohort study. *Social science & medicine* (*1982*), *253*, 112958. https://doi.org/10.1016/j.socscimed.2020.112958

厚生労働省（2022）．令和 3 年度自殺対策に関する意識調査　https://www.mhlw.go.jp/stf/seisakunitsuite/bunya/hukushi_kaigo/seikatsuhogo/jisatsu/r3_ishikichousa.html

Milner, A., McClure, R., & De Leo, D. (2012). Socio-economic determinants of suicide: an ecological analysis of 35 countries. *Social psychiatry and psychiatric epidemiology, 47* (1), 19-27. https://doi.org/10.1007/s00127-010-0316-x

本橋秀之・藤本敦子・坂根稔康・山本昌・矢野義孝（2013）．精神疾患と自殺に係わる社会的要因に関する研究―都道府県別解析による精神疾患の現状把握―　Yakugaku Zasshi, *133*(11), 1235-1241.

西尾亜希子（2023）．大学の自殺対策にみられる消極性に関する試論―潜在する LGBTQ+ の学生の自殺予防のために―　武庫川女子大学教育研究所研究レポート，*53*, 41-51.

西村佐彩子（2007）．曖昧さへの態度の多次元構造の検討―曖昧性耐性との比較を通して　パーソナリティ研究, *15*(2), 183-194.

岡檀（2020）．自殺希少地域・海部町の「つながりつつも縛らない」という選択―関心と監視の違いに着目して―　自殺予防と危機介入, *40*(1), 79-83.

リクルート進学総研（2023）．【全国版】18 歳人口予測、大学・短大・専門学校進学率、地元残留率の動向 2022　https://souken.shingakunet.com/research/2023/02/182022.html

末木新（2017）．自殺対策の推進を不要と考える者は自殺のリスクとなるデモグラフィック要因を有している：インターネット横断調査の二次解析　自殺予防と危機介入, *37*(2), 35-41.

田辺和俊・鈴木孝弘（2019）．サポートベクター回帰による都道府県別自殺率の要因分析　情報知識学会誌, *29*(3), 247-267.

Ujihara, M., Tachikawa, H., Takahashi, A., Gen, T., & Cho, Y. (2023). Factors Related to Psychological Distress in Suicide Prevention Supporters during the COVID-19 Pandemic. *International journal of environmental research and public health, 20*(6), 4991. https://doi.org/10.3390/ijerph20064991

山﨑勇・金井美保子・山岡俊英・森光晃子・山﨑暁・高橋徹・高橋知音・森田洋（2022）．大学生の自殺事例の分析―信州大学と他大学との比較―　CAMPUS HEALTH, *59*(2), 50-56.

吉岡京子・村嶋幸代（2007）．日本の市町村保健師による事業化プロセスの経験とその関連要因　日本公衆衛生雑誌, *54*(4), 217-225.

吉岡京子・村嶋幸代（2013）．保健師が事業化する際の困難およびその解決策と事業提供経験との関連 保健師勤務年数群別の比較　日本公衆衛生雑誌, *60*(1), 21-29.

大学の自殺対策における
課題と展望

1　自殺予防対策における今後の課題

　最後の章ではこれまで論じてきた内容、論じられなかった内容から、今後の大学の自殺予防対策の方向を展望したいと思います。

(1) 学生の自殺の背景の解明

　第1章で触れたように、3年で1,000人近い学生が亡くなっているという報告が各大学から挙がっているにもかかわらず、その自死の背景の3分の2が不明である点を、どのように捉えるか検討する必要があります。不明の割合が例年一定であることは、亡くなった学生の背景を明らかにすることに関する社会の限界を反映しているのでしょうか。しかしながら、その人が亡くなった真の理由や動機を明らかにすることは不可能であっても、自死で亡くなったその背景に、大学のわかる範囲でどのような出来事や要因があり、どのような思いをもっていた可能性があるのかを調べることは社会の責任でもあります。またGK研修やスクリーニングなどの自殺予防対策に取り組み、教職員が自殺予防の視点をもったとき、これまで見えてこなかった学生の様子が把握され、不幸にも学生が亡くなったときに考えられる背景情報は増加する可能性があります。そのため実態把握を諦めるのは時期尚早です。

　山﨑他（2022）は自殺の既遂に関する詳細な情報が全国的に集約されれば、日本の学生の自殺に関連する要因や大学の構造的な問題解明につながりうるため、各大学が実態を共有する体制の構築が必要であると示唆しています。特に本書では「大学の構造的な問題」を整理しきれず、ほとんど触れることができ

ませんでした。定期的な死亡学生実態調査が、実態解明の第一歩として定着し始めたため、今後は学生の実態だけでなく大学や社会側の問題を明らかにできるように進展していくことと、そのためにもまずは全ての大学に調査に協力してもらえるようになることが望まれます。

(2) 各大学が実施している取り組みの共有

　自殺対策を始めるために見本があることは重要です。本書ではなるべく大学の細かな実践例を各節に取り上げるようにしましたが、各大学の実践報告は紀要論文や学会発表での報告も多く、事例を取りまとめるのはなかなか骨の折れる作業でした。これは愚痴ではなく、各大学の教職員が他大学の取り組みを参考にしようと思っても、学会などに所属していたり論文を読み慣れたりしていなければ、なかなか必要な情報にたどり着きにくい現状を表しています。

　また、本書が基盤にしていた自殺対策実施状況調査は、実際に大学が行っている自殺対策を過小評価している可能性があります。コロナ禍の 2020 年度に実施した調査であるため、通常は行われていた自殺対策が未実施だったこと、また調査の手続き上の課題で、大規模な大学で個別に行われている対策を拾いきれなかったことや、ピア・サポートの活用など実際には多くの大学が提供している取り組みが自殺対策の位置づけでは報告されなかったことが考えられます。

　このように自殺対策の状況を大学間で把握しにくい状況を打破して、大学における自殺予防対策を推進していくためには、**大学間連携**が鍵になると考えられます。そのための 1 つの方法として、大学の取り組み情報を集約するプラットフォームが考えられます。いのち支える自殺対策推進センターは、地域自殺対策を進める自治体のために「自殺対策先進事例データベース」（https://jscp.or.jp/community/database.html）をサイト上に公開しています。ここでは自治体が学生向けに行った対策事例を検索することもできます。また、例として北海道教育委員会は、自殺予防教育プログラムを実施した中学校、高校の実施報告書をまとめてホームページに公開し、具体的な内容を誰でも閲覧できます。このように、各大学の自殺予防対策事例を統一したフォーマットで集めて大学同士で参照し、情報共有できるようにする仕組みづくりが今後は必要になって

くると考えられます。

(3) 匿名によるオンライン相談の可能性

　子どもや若者の自殺予防のための相談体制は、匿名の SNS 相談窓口を増や
す形での拡充が図られています。現在のところ大学での匿名相談の実施状況は
明らかではありませんが、もし自殺を考える学生の援助要請を増加させたいと
考えるならば、学内での匿名のオンライン相談に力を入れる選択肢を考えない
手はありません。

　筆者の携わってきた NPO 法人 OVA によるインターネット・ゲートキー
パーの取り組みは、自殺を考えている人が検索エンジンで自殺関連用語を検索
する傾向のあることを活用して、検索結果にウェブ広告を出し、広告から匿名
相談窓口につなぐアウトリーチ活動です。相談は空メールから始めることがで
き、対応は有資格者のチームで行います。相談活動の目的の１つは、ハードル
の低い匿名相談によってつながり、やりとりを通して相談者の援助要請の力を
エンパワメントし、必要な対面相談や医療、生活相談などに引き渡していくこ
とです。自殺リスクの高い人が援助要請行動を起こしやすくなることが示され
ているため（Sueki & Ito, 2018）、部分的にでも仕組みを援用できる可能性があ
ります。

　大学でもすぐに取り組みやすいのは匿名のメール相談の部分です。送る学生
にとっては時間帯に縛られず、メールマナーなど堅いことも気にせずにやりと
りできるだけで、随分とハードルが下がります。応える側は担当制ではなく
チームで返信内容やタイミングを検討できるため、支援者１人に係る負担や責
任感が軽減されることや、やりとりの記録が残って対応を振り返りやすい点が
メリットです。コロナ禍ではオンライン面談による相談に挑戦した大学もあっ
たと思いますので、学生に合わせた提供の仕方の工夫として匿名相談をもっと
普及してもよいでしょう。ただし、匿名で送られてくるメールをアセスメント
したり、返信の文面やタイミングをチーム統一の方針に沿って考えたりするに
は専門性が必要です。インターネット・ゲートキーパーにも手引きがあるた
め、NPO 法人 OVA のホームページを参照してみてください。

(4) 学生を巻き込んだ取り組みの推進

　これまでも、若者を対象とした自殺対策に同世代である、同様の環境で過ごしている、当事者性をもつ若者自身が、主体的に参加することの重要性を強調してきました（髙橋, 2020; 2023）。特に全学生の自殺を防ぐ取り組みにおけるピアの力は効果的であり、参加する学生にとっても有意義です（Silk et al., 2017; 樋口他, 2024）。生徒を対象とした海外の自殺予防教育や、GK 養成研修、若者が利用するソーシャルメディア上の啓発キャンペーンなどについても、若者自身が関与することの重要性が強調されています（Samuolis et al., 2019; Robinson et al., 2017; Walsh et al., 2022; Thorn et al., 2020）。本書で取り上げた啓発活動、相談窓口の周知、自殺予防教育や GK 養成研修、危機対応ガイドラインなどにぜひ学生の声を取り入れてください。学生の皆さんもどうか力を貸してください。

　大声では言いにくいですが、学生が取り組むプラティカルなメリットもあると感じています。学生の自主活動は少額でも活動資金など社会的な支援を受けやすく、学生の積極的な取り組みをメディアは好意的に取り上げてくれ、社会に広める機会にも恵まれています。筆者自身も学生時代には助成を受けて啓発活動に取り組むことができましたし、地元新聞に取り上げてもらうなど話題性もありました。大学から活動を表彰してもらう機会もあり、学生の活動に温かくしてもらいありがたかったです。教員になってから仕事の機会は非常に増えましたが、自殺予防対策にすぐに活用できる資金は、筆者の立場では研究費のみです。アメリカのギャレット・リー・スミス大学自殺予防助成のような助成制度や、自治体による助成、様々な分野の組織が学生による活動の「メンタルヘルス部門」に投資や支援をする動きが興っていくことを期待しています。

(5) 教職員のメンタルヘルスと自殺の問題

　小中学校や高校の教員は、児童・生徒の不登校やいじめ、自殺など複雑な問題への対応を迫られていますが、公立学校において精神疾患による教員の休職は、2022 年度に過去最多の 6,539 人となり（文部科学省, 2023a）、教員自身のメンタルヘルスや自殺の問題も懸念されています。

　大学人のメンタルヘルスはあまり話題になっていませんが、2022 年度から警察庁による職業別自殺者数の集計が細分化され、2022 年は大学教員 16 名、研究者 10 名が自殺で亡くなっています。また、身近な自死を経験している自死遺族の大学教職員もいると考えられます。そのため、自死に個人的な体験をもつかもしれない教職員が、学生の自殺予防対策にどのようにかかわっていったらよいのか、今後の議論が必要です。もし教職員自身が強く持続する自殺念慮をもっているならば、大学の自殺予防対策に携わることや学生を心理的にサポートする負担は大きすぎます。

　大学教職員の中でも、大学教員は若手、大学職員は中年以上で健康状態があまり良くないことが示唆されます。筑波学園都市の教育機関を含む研究者に調査を行った髙橋（2021）は、20 〜 30 代の非正規雇用である、世帯年収が 400 万未満である、仕事の質的負荷が高い、対人関係の困難がある場合に研究者の心理的苦痛（K6）が有意に高く、達成感は心理的苦痛を有意に低めることを示しました。また、学生数 2 万人規模の私立 A 大学教職員に実態調査を行った磯部・小野（2010）は、1,355 人の回答者のうち過去 3 ヵ月「精神的に気になることがある」と回答した人が 32.6 ％おり、職員、53 歳以上、健康状態が比較的悪いこと、中等量以上の飲酒があることが関係していることが示されました。

　自殺予防対策は質的な負荷が高く、合意形成の過程で人間関係がうまくいかないと感じることもあるかもしれず、分かりやすい達成感は得られにくい仕事です。そのため、取り組みが属人的にならないような役割分担が重要であると考えられます。しかし、学生のメンタルヘルスや自殺予防を大学で進めていくことは、総合的に大学全体の風通しがよくなり、助けを求める道のりが整備され、教職員もメンタルヘルスの問題に対処しやすくなる可能性があります。大学で取り組む自殺予防対策が、教職員にどのような影響を与えているかについても、今後調べていく必要があるでしょう。

2　本書で十分に検討できなかった今後の課題

(1) 性差の検討

　今回、自殺予防対策の性別による効果の違いをほとんど検討できていませ

ん。男性の自殺が多いことは世界共通の課題であり、若年者についても、女性の自殺念慮や自殺企図のリスクが高いのに対して、男性は自殺死亡のリスクが高く、性別で異なる危険因子があることが示されています（Mendizabal et al., 2019）。今回参照したいくつかの研究は、調査回答者がそもそも女子学生に多く偏っていたため（例として、UCB2M の効果検証では、在学生の男女比がほぼ半々であるのに回答者は 70.2 ％が女性であった［Pescosolido et al., 2020]）、男子学生は自殺予防対策に関するイベント参加や調査協力が少なく、効果が示唆されている対策とうまく適合していない可能性があります。

　男子学生に適した自殺予防対策を検討するための 1 つの案は、男子高校で男子生徒に対するアプローチを実証することです。男女別学は減少傾向にありますが、2023 年度に生徒が男子のみの高等学校は 99 校あります（文部科学省, 2023b）。男子校で男子特有の危険因子に対する教育啓発的な介入を試みることで、若年男性に有効なアプローチと具体的な手続きを見出せるかもしれません。男性の自殺予防が難しい課題である一因として、女性に比べて男性が他者に助けを求めないためと言われていますが、Chandler（2022）は安直に男性に「話す」ことを求めるキャンペーンは、話すときの対人関係の文脈や、男性の自殺の問題の背景にある社会構造的な問題を覆い隠すことになりかねないと指摘しています。したがって、ジェンダーの固定観念から離れて改めて実態を明らかにすることが必要と考えられます。

　女性については近年の自殺者数増加を受け、第 4 次自殺総合対策大綱の定める重点施策に、女性の自殺調査や自殺対策の推進が掲げられています。大学でも女子学生の自殺者数は増加傾向にあり、今後の進学率の上昇に伴ってさらに増加することが危惧されます。統計的に女子学生は男子学生と比べて、精神疾患や人間関係の悩みが自殺の要因として顕在化していること、危険因子である性暴力被害に遭いやすいこと、希死念慮や自傷行為の経験率が高いこと、自殺の危険の高まる時期である妊娠や出産を経験しうること、が挙げられます。その一方で女性の自殺者数が男性より少ないのは、自殺潜在能力の低さや援助要請のしやすさのような何らかの保護因子によって、自殺既遂に至りにくいためと考えられます。そのため、生と死の間を揺れ動きながらも学生生活を終えた卒業生や修了生は、何が助けや支え、はたまた壁になったのかを明らかにする

ことが、大学独自の保護因子を見つけ、強化するのに役立つかもしれません。

(2) 特定の学生集団に関する自殺予防

　本書では、障害学生やLGBTQ+の学生など、特定の学生集団に対する自殺予防を論じることはできませんでした。これらの学生の共通点はマイノリティであるということです。マイノリティストレスモデル（Meyer, 2003）は、疎外された人々の精神障害や自殺の傾向の高さを、マイノリティであることによる近位のストレス要因（例えばセルフ・スティグマ）と、遠位のストレス要因（例えば疎外された結果としてのハラスメントや差別）の両方によって説明を試みた理論です。Lund（2021）はこれを障害のある人の自殺リスクの説明に適用し、障害のある人が経験する近位と遠位のストレス要因に対する介入が自殺予防に必要であると主張しました。すなわち、社会集団が学生のもつ特徴をどのように捉えるか次第で、障害の伴う学生やLGBTQ+の学生は、他の学生が感じることのない過度なストレスを感じている可能性があります。

　LGBTQ+の若者の自殺行動のリスクに対する対策については、特定のアプローチを行うことよりもむしろ学校全体の風土や在り方の重要性が示唆されています（Marraccini et al., 2022）。学生は大学に自身の障害やLGBTQ+を開示しない可能性もありますが、大学が多様性に開かれた方針をもち、学生が大学を安全で、自分を尊重してくれる場所であると思えることが、何よりも重要だと考えられます。

　実際にこれらの学生を特定して自殺予防対策の効果を検証することは大学内では難しい課題ですが、障害支援やジェンダーを考える前向きな取り組みを実施して、キャンパス風土や学生の態度などの保護因子の増加を検証することができるかもしれません。

引用文献

Chandler, A. (2022). Masculinities and suicide: unsettling 'talk' as a response to suicide in men. *Critical Public Health*, *32*(4), 499-508.　https://doi.org/10.1080/09581596.2021.190 8959

樋口晴香・氏原将奈・髙橋あすみ（2024）. ピアエデュケーションによる看護大学生へのゲートキーパー養成研修の予備的検討　自殺予防と危機介入, *44*(1), 98-104.

磯部直彦・小野久江（2010）．大学教職員のメンタルヘルス自覚症状調査：健康診断時問診表から　臨床教育心理学研究，(36)，27-32.

Lund E. M.（2021）．Examining the potential applicability of the minority stress model for explaining suicidality in individuals with disabilities. *Rehabilitation psychology, 66*(2), 183-191. https://doi.org/10.1037/rep0000378

Marraccini, M. E., Ingram, K. M., Naser, S. C., Grapin, S. L., Toole, E. N., O'Neill, J. C., Chin, A. J., Martinez, R. R., & Griffin, D. (2022). The roles of school in supporting LGBTQ+ youth: A systematic review and ecological framework for understanding risk for suicide-related thoughts and behaviors. *Journal of school psychology, 91*, 27-49. https://doi.org/10.1016/j.jsp.2021.11.006

Meyer I. H. (2003). Prejudice, social stress, and mental health in lesbian, gay, and bisexual populations: conceptual issues and research evidence. *Psychological bulletin, 129*(5), 674-697. https://doi.org/10.1037/0033-2909.129.5.674

Miranda-Mendizabal, A., Castellví, P., Parés-Badell, O., Alayo, I., Almenara, J., Alonso, I., Blasco, M. J., Cebrià, A., Gabilondo, A., Gili, M., Lagares, C., Piqueras, J. A., Rodríguez-Jiménez, T., Rodríguez-Marín, J., Roca, M., Soto-Sanz, V., Vilagut, G., & Alonso, J. (2019). Gender differences in suicidal behavior in adolescents and young adults: systematic review and meta-analysis of longitudinal studies. *International journal of public health, 64*(2), 265-283. https://doi.org/10.1007/s00038-018-1196-1

文部科学省（2023a）．令和4年度公立学校教職員の人事行政状況調査について　https://www.mext.go.jp/a_menu/shotou/jinji/1411820_00007.htm

文部科学省（2023b）．学校基本調査—令和5年度　結果の概要—　https://www.mext.go.jp/b_menu/toukei/chousa01/kihon/kekka/k_detail/2023.htm

Pescosolido, B. A., Perry, B. L., & Krendl, A. C. (2020). Empowering the Next Generationto End Stigma by Starting the Conversation: Bring Change to Mind and the CollegeToolbox Project. Journal of the American Academy of Child and Adolescent. Psychiatry, 59(4), 519-530. https://doi.org/10.1016/j.jaac.2019.06.016

Robinson, J., Bailey, E., Hetrick, S., Paix, S., O'Donnell, M., Cox, G., Ftanou, M., & Skehan, J. (2017). Developing Social Media-Based Suicide Prevention Messages in Partnership With Young People: Exploratory Study. *JMIR mental health, 4*(4), e40. https://doi.org/10.2196/mental.7847

Samuolis, J., Harrison, A. J., & Flanagan, K. (2020). Evaluation of a Peer-Led Implementation of a Suicide Prevention Gatekeeper Training Program for College Students. *Crisis, 41*(5), 331-336. https://doi.org/10.1027/0227-5910/a000638

Silk, K. J., Perrault, E. K., Nazione, S. A., Pace, K., & Collins-Eaglin, J. (2017). Evaluation of a Social Norms Approach to a Suicide Prevention Campaign. *Journal of health communication, 22*(2), 135-142. https://doi.org/10.1080/10810730.2016.1258742

Sueki, H., & Ito, J. (2018). Appropriate Targets for Search Advertising as Part of Online Gatekeeping for Suicide Prevention. *Crisis, 39*(3), 197-204. https://doi.org/10.1027/0227-5910/a000486

髙橋あすみ (2020). 若者による、若者のための自殺予防対策 自殺予防と危機介入, *40*(1), 54-58.

髙橋あすみ (2023). 若者が取り組む自殺予防の活動 教育と医学, 2023年11・12月号

髙橋司 (2021). 教育・研究職の雇用形態がメンタルヘルスに及ぼす影響に関する研究 筑波大学大学院学位論文.

Thorn, P., Hill, N. T., Lamblin, M., Teh, Z., Battersby-Coulter, R., Rice, S., Bendall, S., Gibson, K. L., Finlay, S. M., Blandon, R., de Souza, L., West, A., Cooksey, A., Sciglitano, J., Goodrich, S., & Robinson, J. (2020). Developing a Suicide Prevention Social Media Campaign With Young People (The #Chatsafe Project): Co-Design Approach. *JMIR mental health, 7*(5), e17520. https://doi.org/10.2196/17520

Walsh, E. H., McMahon, J., & Herring, M. P. (2022). Research Review: The effect of school-based suicide prevention on suicidal ideation and suicide attempts and the role of intervention and contextual factors among adolescents: a meta-analysis and meta-regression. *Journal of child psychology and psychiatry, and allied disciplines, 63*(8), 836-845. https://doi.org/10.1111/jcpp.13598

山﨑勇・金井美保子・山岡俊英・森光晃子・山﨑暁・高橋徹・高橋知音・森田洋 (2022). 大学生の自殺事例の分析—信州大学と他大学との比較— CAMPUS HEALTH, 59(2), 50-56.

おわりに

　本書をお読みいただき、ありがとうございました。私が自殺予防に関心をもったのは、高校生のときに高橋祥友先生の『自殺未遂〜「死にたい」と「生きたい」の心理学』を読んで、自殺の心理的背景を知った衝撃からでした。「この事実をみんなに教えなきゃ！！」となぜか義憤に駆られて、大学に入ってから啓発活動を始めました。本書はまさに「この事実をみんなに教えなきゃ」という押しつけがましい私の義憤が、時を越えて形になったものといえるかもしれません。これまでに随所で発表してきた内容や講師を務めさせていただいた研修、研究班の先生方と共に取り組んできた調査報告などからアイデアをかき集め、埋もれている各大学の情報を探り出し、大学関係者の方々に一緒に考えて取り組んでもらいたいことや知っておいてもらえたら、きっと役に立つと思うことを、まさに文字どおり一生懸命に整理しました。なるべく資料を参照しやすくするために、引用文献やweb情報も多く紹介することを心掛けましたので、本書で物足りないと思った部分はぜひ情報源に当たってみてください。

　他方、自殺者数の増減や自殺対策への有効性などを大きな主語で社会的に語れること。この自分自身のある種の特権的な立場からの語りが、自死でこの世を去った一人一人の存在や歴史、ご遺族の想いを霞めていないだろうか、ということも繰り返し思案していました。社会的なことと個人的なことが地続きであり、両輪であることをいつも忘れずにいましたが、もし本書の綴りがその視点に欠けていると感じられる点がありましたら、ひとえに私の力不足です。

　学生相談室や保健管理センターでの実務経験もなく、自殺予防に関する他の多くの素晴らしい専門書を前にして、「私に著者としての資格はあるだろうか」と自信を喪失して筆の進まない時期もあり、また2023年に学科教員に着任した忙しさも相まって、本書の執筆には余分に1年の時間を要してしまいました。この自信のなさが結果的には、本書の「エビデンス武装」に影響を与えたかもしれません。

　そんな私も本書を書き進める中で、自分が進めることに価値があるかも、と

思えたときがありました。それは学生の自殺予防と大学の取り組みに関する情報が散在しすぎていて、「よくわからない！」と頭を抱えた瞬間です。その後にふと「研究している私もこんなに分からないんだから、他の人はもっと分からないだろうな」と何だか吹っ切れる思いがしました。

　学生の自殺という由々しき事態を一部の方々が支えている状況に、本書は一貫した問題意識をにじませてきました。そのため、支援者に丸投げせずに皆さんで一緒に考えましょうよ！と社会に訴えかけるつもりで書いてきましたが、本書はまさにその責任と負担を背負ってくださっている保健管理センターや学生相談の方にも読んでいただいているのではないかと思います。率先して取り組んでくださっている皆様に心から敬意を表します。本書がこれから自殺予防対策の道を歩くための杖になるように祈っています。大学業界へ投じた小さなこの石から議論が発展していくことを、恐れ多くも期待したいと思います。

　本書の完成にあたり、大学1年生の頃から10年来の恩師である太刀川弘和先生には心から感謝申し上げます。インタビューにご協力いただいた石井映美先生と3人で、北海道で花咲ガニを食べることができたのは良い思い出です。自殺対策実施状況調査のデータを活用するために相談にのってくださった安宅勝弘先生、本書の執筆を励ましてくれた山口大学の松原敏郎先生、CAMPUSの実施の場をつくってくださった茨城大学の布施泰子先生、広島大学の岡本百合先生をはじめ、全国大学メンタルヘルス学会「大学生の自殺予防プログラム開発研究」研究班の先生方にも厚く御礼申し上げます。また、自殺予防研究の道に進むことを支えてくださったNPO法人OVAの伊藤次郎さん、和光大学の末木新先生にもこの場を借りて感謝を申し上げます。そして座談会に快く参加してくれたゼミ生の皆さん、おかげさまで学生の声を本書に入れることができたことを嬉しく思っています。執筆を励ましてくださった学習サポートデスクの皆さんや研究仲間、友人、家族にも心から感謝いたします。

　最後に本書の企画にお声かけいただき、締め切りを守れず裏切りが続いてしまったにもかかわらず、2週間に1回のオンライン進捗会で私を励まし支え続けてくださった学苑社の杉本哲也さんに心から感謝申し上げます。

2024年4月1日　髙橋あすみ

索　引

著 者 紹 介

髙橋 あすみ（たかはし・あすみ）

北海道生まれ。筑波大学大学院修了。修士（心理学）・博士（医学）。臨床心理士・公認心理師。
2023年より北星学園大学社会福祉学部心理学科専任講師。監訳書に『メディアと自殺：研究・理論・
政策の国際的視点』（人文書院，2023）。

装丁　三好 誠［ジャンボスペシャル］

大学における自殺予防対策　　　　　　　　　　　　　©2024
理解と実践的アプローチ

2024年6月25日　初版第1刷発行

著　者　髙橋あすみ
発行者　杉本哲也
発行所　株式会社　学苑社
東京都千代田区富士見2-10-2
電話　　03（3263）3817
FAX　　03（3263）2410
振替　　00100-7-177379
印刷・製本　藤原印刷株式会社

検印省略

ISBN978-4-7614-0854-1　C3011